快速掌握新技能

［美］彼得·霍林斯（Peter Hollins） 著

严 霞 译

机 械 工 业 出 版 社

学习对于很多人来说可能是痛苦的，究其原因可能是没有人教过我们该如何学习，而这本书的目的就是想要教会每个人如何快速学习和掌握新知识、新技能。本书通过分析学习阶段，管理学习期望，制订学习计划，利用周边资源，不断练习和积累，以及总结学习技巧和策略等步骤，帮助读者一步一步走上快速学习之旅。学习是一个辛苦的过程，但也会有收获的喜悦，所以一起来吧！

Rapid Knowledge Acquisition & Synthesis：How to Quickly Learn，Comprehend，Apply，and Master New Information and Skills

Copyright © 2020 by Peter Hollins

Simplified Chinese translation rights arranged with PKCS Mind, Inc. through TLL Literary Agency

Simplified Chinese Translation Copyright © 2023 China Machine Press. This edition is authorized for sale in the Chinese mainland (excluding Hong Kong SAR, Macao SAR and Taiwan). All rights reserved.

北京市版权局著作权合同登记号　图字：01-2022-3926

图书在版编目（CIP）数据

快速掌握新技能/（美）彼得·霍林斯（Peter Hollins）著；严霞译. —北京：机械工业出版社，2023.11

书名原文：Rapid Knowledge Acquisition & Synthesis：How to Quickly Learn，Comprehend，Apply，and Master New Information and Skills

ISBN 978-7-111-74076-6

Ⅰ.①快… Ⅱ.①彼… ②严… Ⅲ.①学习方法 Ⅳ.①G442

中国国家版本馆 CIP 数据核字（2023）第 205467 号

机械工业出版社（北京市百万庄大街 22 号　邮政编码 100037）
策划编辑：梁一鹏　刘　岚　　　　责任编辑：梁一鹏　刘　岚
责任校对：薄萌钰　牟丽英　韩雪清　责任印制：常天培
北京机工印刷厂有限公司印刷
2024 年 1 月第 1 版第 1 次印刷
130mm×184mm · 4.625 印张 · 76 千字
标准书号：ISBN 978-7-111-74076-6
定价：49.80 元

电话服务　　　　　　　　网络服务
客服电话：010-88361066　　机　工　官　网：www.cmpbook.com
　　　　　010-88379833　　机　工　官　博：weibo.com/cmp1952
　　　　　010-68326294　　金　书　网：www.golden-book.com
封底无防伪标均为盗版　　机工教育服务网：www.cmpedu.com

前 言 ▶▶▶

像许多孩子一样，我小时候被迫学习一种乐器。我的父母让我在钢琴、萨克斯和小提琴之间进行选择。尽管家里没有人弹琴，但由于我们家有一架钢琴，于是我接受了这一暗示，第二周就报名了钢琴课。

我先声明一点，我一共学了七年，但在弹琴方面我从未有所建树。有些孩子能在这个时间跨度内进入卡内基音乐厅演奏，而我当时大部分时间里都在演奏相对简单的乐曲。这是因为我极度缺乏天赋吗？

也许是，但也可能不是。换句话说，天赋可能在某种程度上脱不了关系，但在我的印象中，我的练习时间严重不足。这也是因为我非常缺乏耐心，那一年我的大多数朋友都有了新的山地车，他们在美丽的夏季无忧无虑地骑车，而我却跟钢琴一起被困在屋里。

另外，我有一个和我差不多同时开始弹钢琴的朋友，他也没有山地自行车。我们同病相怜，惺惺相惜。但很快我就开始嫉妒他了，因为他的琴技似乎比我进步得更快。就钢琴水平而言，他每年都有进步，而我的钢琴老师甚至从来都没有对我提出过这样的要求。我是在很久以后才发现这一点的，但我确实观察到，尽管我俩开始学钢琴的起点非常接近，但一年后我们在琴技上有了很大的差距。

我当时没有先见之明，没有问他是如何做到的，事后看来，很明显他在练习和纪律方面对自己都更为严格。另外，他的母亲也相当严厉，我听说她会用一个木棍狠狠地揍他。不管怎么样，这个例子解释了要想掌握某项技能，离不开某些必要条件。是的，它很大程度上取决于你是否愿意为此投入精力、付出努力，并一直坚持下去，直到你的坚持有了回报。而且你会发现在任何情况下，都有更有效的方法来学习新技能。

学习新技能更多的是与我们的兴趣或爱好联系在一起的：编织、游泳、网球或乐器。但是它对你生活的影响可能超乎你的想象，学习的新技能也许会彻底改变你的生活和环境。如果你了解如何加速这个学习过程，那意味着你可以更快地朝着你想要的方向前进，进而改变你的生活。

除去我早年学钢琴的惨淡历史，快速掌握技能的技巧一直让我受益匪浅，无论是在学校还是在职场。我相信它也有可能对你产生类似的影响，所以一起努力吧，开始学习如何快速掌握新知识和新技能。

目　录 >>>

第一章 ▶▶▶
为快速掌握技能做好心理准备

我们生活在一个比历史上任何时候都能更快学习新事物的时代。

我们想要调查的任何主题的信息几乎都可以立即获得。我们想要获得的任何技能或专业知识，网上都有低价甚至免费的教程。对于每个人来说，培养兴趣，遵循一系列步骤，甚至获得完成某个研究领域的认证，都从未变得像现在这么便捷，甚至足不出户都能实现。即使在二十年前，如果你想要查找某个信息，你将不得不跑去图书馆，花几个小时翻阅百科全书，只为了找到你的答案。

一、关于自学

所有的工具都已经为我们准备好了，而且很容易获取和操作。现在，我们比历史上任何一代人都更容易通过掌握新技能来塑造我们的生活。

1. 被动学习的局限

那我们为什么不这样做呢？

这可能是一个关于自律或缺乏自律的问题。对一些人来说，学习一门课程需要很多的勇气和努力。也可能是我们对如何学习了解得还不够。我们不知道理解并记忆信息的诀窍，也不知道如何将其付诸实践。

部分原因与我们最初的学习经历有关，即被动式学习。这种学习方式大致就是你在传统学校环境中体验到的。信息被呈现出来，你接受它，然后在某个特定时刻再次重复它。在某些课程中，我们被期望或多或少地记忆和复述信息，这并不一定是记忆信息以备将来使用的最佳方式。对我们中的一些人来说，一般认为学习后能通过考试就好，这意味着为这类学习所花的心思相当少。

特别是在这个自学是如此便捷的时代，这种懒惰的心态可能会成为一种障碍。当你想自学新东西时，你可能会意识到不知道从哪里开始，而你多年来靠死记硬背的学习并没有给你带来任何好处。

2. 主动学习的价值

能成为一名自学者有很多好处——可以自学成才，这也是本书的目标。规划你自己的学习内容和学习路径，而不是仅仅照搬别人的路线，能做到这一点的话就已经赢在了起跑线。激活你的自我意志，将新的知识融入你原有的认知体系，提高你的就业潜力或在事业上取得进展。根据你的兴趣找到合适的团体，能让你对生活多一份欣赏——所有这些都能通过自学来获得。自学能力代表着你改变环境和生活的强大能力。

而这样的收获在被动的学习环境中是不可能实现的。因为这种收获很难利用那些仅仅被告知要重复的信息而得到——没有人告诉你如何把这些信息变成任何实用的东西，或者你所学的哪些内容才是最重要的。当然也没有人指导我们该如何记笔记、管理时间、集中注意力或设定优先事项。授人以鱼，不如授人以渔。此外，由于技术的不断变化和时代普遍进步，我们在学校学到的许多东西都已经过时了。

然而，自学已经经历了深刻的演变，我们的动机也是如此。我们可以学习任何我们想学的主题，这使得这个过程更有意义，坦率地说，更有趣。对于想改变自己现状的人来说，除了学习，真的没有其他选择。如果你不能有效地学习，那么你就永远无法向前迈进。

但是如果你愿意的话，你可以改变很多事情，并使之变得更好。我的一个朋友经历了离婚。结婚十年间，她从来没有工作过，也没有任何拿得出手的技能。后来她一步步自学了如何制作珠宝，她没有去上课，因为她负担不起。经过五年的实践，她能够启动一项定制珠宝的业务，并在自己家里经营——她只用了三年就买下了目前居住的房子。

当然，随着她全身心地投入到练习和完善技艺的过程中，她的能力和信心也成倍增加。她能够将其用于解决一个个实际困难，并从她曾经的兴趣爱好中获得了切实的成果。这改变了她的生活轨迹。

特别需要强调的是，学习一项新技能可以提高你的整体生活价值——无论你的年龄、背景、成长经历或社会地位是什么样的。成就感本身就是一种奖励，不过你也可以改善自己的现状或就业状况，实现你的个人抱负，提高你的综合能力，甚至为你打开学习新技能的大门。

二、明确你的学习目标

机会无处不在。无论我们遇到什么样的纷扰或阻碍，这一点永远是事实。

但是你最想把时间投入到什么事情上呢？

那些想学习新的职业或技能并改变其生活轨迹的人并不

缺乏选择。要决定真正想从事的工作，这可能是一件费力的事，尤其是当自己去选择而不是被别人告知时。你如何决定自己准备致力于从事的事情呢？

作为一个思考练习，想一想你想学习的所有技能，无论是出于娱乐还是职业目的。如果你想出了 10 个以上技能，请不要感到惊讶。我相信你可以想出 10 个、15 个，甚至更多。显然，你不可能一下子搞定所有这些技能。我们都没有无限的时间，所以我们需要确定少数我们可以掌握或对我们来说最重要的技能。

最有可能的是，在给定的时间内，在为工作和休闲所学的选项之间，你最多可以选择两到三个。要确定它们是什么，你必须在几个方面询问自己。

1. 目的

你想培养这项新技能的动力是什么？是为了赚更多的钱，获得一个新的爱好，增进你与他人的关系，还是为了改善你的身体或精神健康状况？明确一下对你来说最重要的目标，并学习能够实现这一目标的技能。你可能开始一项新的业务，但必须学习基础会计。你可能想要更多的冒险，所以决定学习爬山。你将来可能会出国旅行，所以想要学习一门新的语言。理解需求背后更大的目的，这一点很重要。

2. 供求关系

这是专门针对与工作和职业相关的技能，有些技能比其他技能更有市场，它们是属于有迫切需求但供应不足的技能。你可以发现很多程序员可以在梦中打出 HTML 或 CSS 代码，但了解 Ruby on Rails、Python、C#、JavaScript 的人却少得多。如果有可能，选择一项可以提高你赚钱能力的技能。如果你追求的不是金钱，那就去寻找从另一种意义上对你最有价值的技能（如果你喜欢墨西哥菜，那就去学怎么做吧——就不用考虑学做法国菜了）。

3. 天赋

如果你拥有某种独特天赋，这可以成为选择某项技能时的决定因素。充分利用你的天赋，你能更有效更快速地学习新技能。职场中常见的挫折就是在一项没有发挥我们最大能力的任务中苦苦挣扎。每个人都被赋予某种天赋，让他们在一些事情上比其他人更有优势。想一想哪种新技能能让你发挥你的天赋呢？

如果你能很快画出铅笔素描，你可能会比其他人更容易成为一名肖像画家。如果你是数学天才，你可能会喜欢上编织，因为它需要几何和计算技巧。根据你对新技能拥有的天赋多少来排列你的"梦想清单"。这很重要，尤其是当你缺乏耐心的时候。

4. 可利用的机会

看看你目前的社交或工作情况，它们对学习某项技能的支持程度如何？也许你的公司愿意报销你学习视频编辑的费用。也许你有个朋友或家人是园艺专家，可以指导你学习园艺。也许有一个低风险的工作机会，可以在你学习编程语言时给你报酬。你身边的环境提供了哪些技能学习的机会呢？

与此相关的是，那些更难实现或更复杂的技能，会比简单的技能需要更多的工具、注意力、时间或金钱。在你目前的情况下，要诚实且务实地看待哪些技能更容易习得并且你能负担得起。你可能想成为一名冰雕师，但这意味着你必须花钱购买电锯，而且这会是一个很大的挑战，因为你生活在一个全年气温高达 32.2℃ 的环境中。目前看来，陶瓷或粘土工作可能更符合你的财政状况和居住环境。

5. 生活状况

我们被雇用或解雇，我们恋爱或分手，我们结婚或离婚，我们生病，我们搬迁，我们有了孩子——没有人能够免于生活的巨大变化。而其中一些转变会需要我们学习新的技能。被公司裁员了，你必须学习如何紧缩开支。成为父母，你必须学习如何做饭。被诊断出患有糖尿病，你必须学习如何锻炼。

当一个重大的生活转变强加在你身上时，尽可能地接受它。如果它迫使你学习一种新的生活技能，把它视为一个机会表示欢迎，而不要对抗或抵制。接受你目前的处境，它可能是帮助你适应新环境的主要力量。

三、学习阶段

如上所述，由于我们的学校教育大多采取"被动学习"的形式，我们中的许多人可能没有学习一项新技能的心理过程或预期。至少，我们没有意识到我们在吸收知识时所经历的阶段。了解学习的各个阶段，可以使我们找到一个好方法来标记学习进展，并预测下一步要做什么。

1970 年，戈登培训国际公司的诺埃尔·伯奇认识到每个人在学习新事物时都会经历学习和提高能力的四个阶段。让我们用学习钢琴的例子来说明这些阶段（并让我母亲感到欣慰，她花钱让我上了这么多年的课是有好处的）。

1. 无意识无能力

简单地说，你并不知道你不知道什么。这个阶段是我们第一次接触一项新的技能或知识时——我们不知道自己在做什么，需要知道什么，或者我们的目标是什么。不可避免的是，我们最终会在不知不觉中犯很多错误。

在学习钢琴的例子中，在这个阶段你唯一知道的就是钢琴是什么样子的，你可能知道它的声音是什么样的，你知道触摸琴键时会发生什么，仅此而已。除此之外，你不知道如何读谱，你的手指应该如何在琴键上移动，或者任何关于乐理的知识。你可能甚至不知道自己是否会一直弹下去，毕竟学会弹琴可救不了你的命。

2. 有意识无能力

在这一阶段，你知道自己不知道什么，但却无能为力。你开始熟悉你正在培养的技能的一些细节。你意识到还有很多东西自己还不知道，但你知道如何发现这些知识差距，以及如何填补这些差距。你仍然会犯错，但现在你知道自己在犯错。

现在你对钢琴有了一些了解。你知道了音符，而且你可以不费吹灰之力就能弹出一些音阶。你也知道读谱时某些基本要点：什么是升调和降调，什么是节拍，你应该保持一个音符多长时间，也许还有一些更基本的标识，告诉你要变得更大声或更小声，更快或更慢。但你仍然在学习指法技巧，仍然必须慢慢地弹奏新的乐曲，想都不敢想可以弹奏任何太复杂的曲子，比如拉赫玛尼诺夫的作品。你知道你需要做什么，但你在技术上却做不到，因为你还不够熟练。

3. 有意识有能力

你知道你需要知道什么，而且现在你可以做到了。你开始变得更加熟练了。你经常练习，并且能够执行某些新技能。你知道自己应该做什么，犯的错误也越来越少。但你想要做的事还没有融入你的血液——你仍然需要注意你的过程，以便把它培养成一种习惯。

因此到了这个时候，你已经达到了相当高的钢琴水平。你有固定的练习时间表。你正在学习乐理中更复杂的部分。你能够凭听觉来识别并演奏一些作品，尽管你仍然需要查找某些和弦进程。当然还有需要提升的地方：你手指的肌肉记忆还没有发展到足以演奏速度惊人的作品，而且大多数时候你仍然需要乐谱来演奏某些曲目。但你非常清楚，你的付出已经开始有回报了。

4. 无意识有能力

最后，你知道你所知道的，你甚至不用想就能做到。你已经成为这方面的专家了。你对此非常精通，你对每一步都了如指掌，你知道如何完成你的目标并在需要时进行无缝调整，而且你很少犯错误。正如"无意识"所暗示的，你几乎可以在睡梦中做到这一点——当你进行这项新技能时，你几乎不需要思考，因为你已经完全掌握了它。

我很高兴地通知你，你在钢琴方面已经相当出色了。多年的练习使你的手指具备了非凡的速度。你几乎可以不看乐谱演奏任何曲目。唯一需要乐谱的情况是当你弹奏以前从未听过的新作品时，但你只需弹几遍就能记住它。每当演奏时，你几乎都与钢琴融为一体。你现在是个专家。你在卡内基音乐厅演出，人们渴望与你合作，你获得格莱美提名，连埃尔顿·约翰都向你寻求建议。

每当我们学习一项新技能时，认识到所有这些阶段是非常有价值的。它有助于对我们学习的时间和方式设定现实的预期，并让我们更好地了解我们需要做什么。我们可以明确自己达到的程度以及目前我们还缺少什么。

最重要的是，这个过程可以抵御失望和被评判的感觉。通过了解我们所处的阶段，并理解这是完全正常的，我们会感到更多的鼓励和继续前进的动力。学习的最初阶段可能是痛苦的，但请记住，这是完全正常的。每个掌握一项新技能的人都是从一无所知开始的。熬过第一阶段的方法就是继续努力，坚持下去。

学习中有很多计划，其中大部分是在我们知道自己想做什么之前发生的。与大多数决定一样，我们必须确定我们真正需要或想要什么，并设想我们所追求的结果。一旦我们在心理上做好准备，让自己振作起来，并决定接受挑战，就该开始设定我们对新技能学习的期望了。

💡 **本章要点：**

- 什么是学习？除了痛苦、不适和烦恼，学习代表着改变你的生活和环境的能力。问题是，从来没有人教我们如何学习，因为我们接受的大部分的学校教育都是被动式学习。

- 学习的一个重要步骤是弄清楚你想学什么。我们有很多欲望，但应该只把宝贵的时间用于重要的事情。什么是重要的事情？能让我们提升幸福感和赚钱能力，利用优势提升人生目标，充分抓住机会，或应对生活困境的事情。

- 熟悉学习的四个重要阶段。当你知道你所处的位置时，你可以更好地计划你需要采取的步骤。这四个阶段是无意识无能力、有意识无能力、有意识有能力和无意识有能力。

第二章 >>>

管理你的期望

学习一项新技能非常容易。它是自动自发的。你只需要打个响指，它就发生了。感谢你的阅读！

现在，我知道我已经成功地吸引了你的注意力，欢迎回到我们定期安排的实话实说环节。

当然，学习一项新技能并不容易。如果容易的话，我们都会很开心，对生活中的一切感到很满意。我们会立即得到满足，我们永远不会缺少我们想要的任何东西，因为我们可以自己创造。但事实上，正如你我都知道的那样，生活并不是这样的，对许多人来说，它似乎是完全相反的。

生活中没有什么是容易的——但是一切皆有可能。

很多时候，当事情变得比我们预期的更困难时，我们会因为不安全感和压力而放弃。我们对错误或令人失望的结果迅速做出反应，并得出结论——这是我永远不知道该如何做的事情。这个错误认知比我们所做的任何破坏我们努力的事情都更加严重。

这就是为什么对学习新技能设定合理的期望值是如此重要。如果你能务实而准确地预见到会发生什么，你丧失斗志的机会就会变少，而你最终完成艰巨工作的机会就会增加。本章会讨论一些影响期望的障碍，如何克服这些障碍，以及如何设定合理的目标。

一、切莫高估天赋

在某方面有才华或"天生的"天赋会有帮助吗？确实如此——这是不可否认的。

1. 学习新技能并非离不开天赋

但是，无论你努力了多久，或多或少你总是学到了一些，而且你在未来会学到更多。而且从概率上讲，你不可能对你已经做的或将要做的每件事都有惊人的天赋。更有可能的是，你只是愿意埋头苦干，学了点东西，并因此得到了提高。

天赋并不是一个要么全有要么全无的命题。你不一定要有"天生的"天赋才能开始学习一项新技能。事实上，我把"天生的"加了引号，因为我坚信任何人都可以学习新的技能并发展才能。天生的能力加上遗传的影响可能对相当少的一部分运动项目有好处——但实际上其他一切都是可以实现的，任何愿意投入努力的人都可能获得天赋。你可能不够好，但你可以改进，这就是设定期望值的关键。

2. 后天努力的价值

天赋本身被高估了，努力和成长才是最重要的。正如弗格森爵士所说，"当天赋不够努力时，努力总会战胜天赋。"我会把赌注押在努力奋斗的人身上，最终是这类人将一项项新技能收入囊中，而不是那些安于现状、躺在功劳簿上的人。在与新事物斗争的过程中，除了增长了知识，那些奋斗的人也收获了耐力、自律、韧性和决心。

不具备天赋的人，实际上有一个隐藏的优势：具有更新鲜的视角。在某个领域有天赋的人往往不够客观，他们可能无法理解他们不费力气自然而然就掌握的技能，本应该是通过学习来获得的。他们具备的天赋让他们的优势很明显，但是他们无法清楚地解释他们是如何做到的——他们只是这样或那样做了，但这对其他人没有帮助。

有些人不具备天赋，只能完全从零开始，慢慢总结出来从零开始学习一项技能需要如何做。这些总结非常有价值——这就是老师和教练存在的原因，也是成功学的书籍或项目能赚取大量金钱的原因。人们希望遵循可复制的步骤，而有天赋的人通常不擅长解释他们的思维过程，因为对他们来说，这大多是无意识的。

3. 用努力工作弥补天赋不足

例如，我的一位老朋友在一次比赛中做了志愿者后，决定开始山地自行车骑行。她首先研究最适合学习的自行车并购买了一辆。接下来，她在 YouTube 上疯狂搜索关于这个主题的视频（直到最近我们找到了一个教学渠道），并向朋友咨询，他们给了她建议并告诉她具体的训练步骤。最终，没有花费任何费用，也没有任何专业援助的情况下，她骑着自行车完成了一座滑雪场的整个下坡路段。所有这一切都来自于简单地观察其他人的行为。

相比那些更有天赋的山地骑行者，你是否认为她可能是一个更好的山地骑行老师？

任何东西，包括天赋，都可以通过学习、重复、练习和努力来习得。这些习惯是任何愿意投入努力的人都可以培养的。对一项任务来说，这些习惯比天生的能力更有价值。一个人永远不应该把自己缺乏天赋作为不做任何努力的借口——相反，他们应该觉得自己有能力做自己想做的任何事情。

可以很容易地找到大量关于努力工作克服天赋不足（或者至少是感觉上的天赋不足）的故事。给我印象最深的是托马斯·爱迪生，他不仅被老师称为"傻瓜"，而且还传奇般地做了 1000 次试验来发明灯泡。"我没有失败一千次，"爱迪生说，"灯泡是一项包含了 1000 个步骤的发明。"

爱迪生的思维方式——学习中没有失败，只有反复尝试——本身就是一个令人振奋的想法。它消除了失败的耻辱，将其重新定义为每个人都会经历的一段过程。在这些时刻，你通过观察什么不起作用，推理出什么起作用，来真正了解你所学技能的细节。这意味着你的心理历程正完全按照它们应有的方式工作。即使你的产出可能与你的投入不匹配，这也没关系。

二、期望要切合实际

如果我们知道即将开始某项任务，我们至少会花一些时间来思考。不仅仅是我们需要做什么，而是我们在做这件事时会预期取得什么成果。正是在这个计划阶段，任务经常会埋下一个隐患：不切实际的期望。

1. 过高的期望不可取

大多数时候，这些不切实际的期望是过于乐观。我们对自己想要实现的目标有一个理想的愿景，通常是基于看到别人的一个完美例子。尽管实际上我们也知道，那个理想的例子是经过多年的实践和努力的，但如果我们只尝试做一次就失败了，我们有时会感到受挫。这其实没什么道理，但这往往就是我们的想法。想象一下这种感觉，当我们看体育比赛时，觉得自己在某些情况下可以比专业运动员做得更好。这不太可能，但却是一种很自然的想法。

如果你抱有不切实际的希望，认为自己能在短时间内学会一项新技能，那么如果你进度慢落后了，或者错过了重要节点，你就会被失望所困扰。你很可能会放慢脚步，最终你会感到灰心沮丧，以至于断言继续下去似乎也是徒劳。毕竟期望越大，失败和落差就越大。随着这种心态的形成，完成其他任务变得更加困难——有时，甚至是我们已经知道如何去做的任务。过高的期望还在我们的头脑中设置了不公平或不合理的比较，使整个计划看起来像是我们一厢情愿的想法。

2. 过低的期望也不可取

设定过于悲观的目标也很危险。由于负面情绪通常比正面情绪传播得更快，所以低期望值可能会在任何人开始之前就破坏一个项目。被阴郁打败比被希望鼓舞容易多了——更不用说极度无聊了。绝望就是一种特别具有破坏性的无聊。

3. 设定合理的期望

建立和管理合理的期望对于任何新技能的学习都是至关重要的。如果没有务实的、可实现的期望，新成就的兴奋不仅会落空，可能还会沦为怨恨或绝望。

对于什么是合理的期望，并没有一个统一的通用的答案，甚至研究工作行为的科研人员也持有不同的观点。伦敦大学学院的一名科研人员在对近 100 人的习惯进行了 12 周的研究后发现，在一种新行为成为习惯之前，平均需要 66 天——也就是两个多月。其他研究表明，掌握一项全新技能的基础知识可能需要大约 25~30 小时。

对我来说，这些数字看上去是切实可行的——然而对一些人来说，时间似乎还是太长了。这完全没有问题。你的主要目标是根据自己的实际情况设定合理的期望。不要低估自己，但也不要高估自己。如果可以的话，一步一步来。只要你设定的目标，不会让你惊慌失措，但又足够雄心勃勃，可以为你带来一些成就感就好。同样的原则也适用于学习一项新技能。

比如说你想从零开始学做法国菜。在烹饪的世界里，人们很容易产生过高的期望。你不会凭直觉就知道什么样的香料应该出现在什么菜肴或搭配中。你不会一下子就把巧克力慕斯做得很完美。你不会练习了几天就能做出绝对完美的法式洋葱汤。事实上，你甚至可能需要花几天时间才能切好洋葱。

但是你也可能设定过低的期望值。你可能用罐头汤作为法式洋葱汤的汤底，你可能做所有的菜肴都只使用同样的一两种香料，然后自称为法式大餐。或者你可以在慕斯上偷懒，直接去买现成的吉利丁粉。换句话说，你是在自欺欺人，你可能并不在乎。

那么什么是合理预期呢？至少要意识到你正处于一个学习的过程中，你不可能一次学会所有的东西。你可以先学习如何制作简单点的肉汤或高汤；或一段时间内尝试不同的香料，找出你喜欢的那种；或练习打发蛋清的技巧，或者先学习如何制作一个简单的法式酸奶。所有这些期望都有一个前提：你已具备了厨房的基本功——如果你还不具备，那就从基本功开始学起。

基于你已知道的、你想知道的，以及要获得你所期望的技能还需要学习的内容，来设定你的期望值。

三、做好长期准备

设定期望的另一个重要因素是要做好长期准备。不要期待有任何捷径或可以一蹴而就，而是要做好心理准备，达到期望可能会是一个缓慢的、单调乏味的、不断持续上升的漫长过程。这是我们现实中所能希望的。

音乐家们常常会问："怎样才能登上卡内基音乐厅的舞台？"他们希望得到一个精辟的回答和一整套指导意见。答案实际上是"长年的奉献、努力和牺牲"。

我在大学里遇到了我的一个老朋友，那时他已经付出了传说中的一万个小时的努力，18岁时已是享誉国内外的钢琴家。我可能是难得看到他休息放松的几个人之一，因为用他的话说，他的整个童年都"生活在钢琴前，抱着乐谱和节拍器睡觉"。但那是他的老师很早就和他一起设定的期望，他就更容易接受，因为他内心已经认同那是通往卡内基音乐厅的必经之路。

对他来说，这些牺牲是值得的，因为他已经做好了充分的准备，并能坚持到底——尽管他是一个神童，成功基本上是十拿九稳，但他从来也没有过一夜成名的期望。他知道他要走的路有多长。

无论你的目标是什么，无论你选择的是哪条路，你都必须假设这是一条漫长的路，而非一条平坦无阻的路，或者除了持续性进步你无任何捷径可言。你可以有所期待，但是仅仅是根据这些期待制订计划将会是你最大的失败（和失望）之一。你无法预知哪一条捷径会神奇地将你需要投入的时间和完成的工作减少一半，而依赖它们将是一个更大的错误。

引用金克拉的一句话："通往成功的电梯坏了，但是楼梯总是有的。"期望通过一段时间的努力后可以收获成功，这样可能会让你感觉很糟糕，因为有时候即使努力了，可能也没有收获成功。人一旦有了这种期望，就把幸福定格在一个成败对立的范围内。如果成功了，你就是幸福的；如果没有，你就会一团糟——没有中间状态。

现实生活并不总是这个样子。你得知道，这是一条漫长的路，你以一种可持续的、以进步为导向的方式来计划和准备，行动能够真正为你的成功奠定坚实的基础。

假设你将要开始一次 15 英里的徒步旅行。第一种情况下，你认为这将是一件轻而易举的事，因为你的身体状况非常好。你懒得穿合适的袜子或鞋子，也只带了一瓶水。可以这么说，你觉得一路上不会有任何问题。但你没有考虑到一个事实，看起来可能有一场暴风雨要来。结果温度突然下降，下了好几个小时的雨，你全身湿透，体温过低，然后就死了。

第二种情况下，你知道你的身体状况很好，但 15 英里的远足与一周三次在健身房锻炼一小时还是有很大的不同。于是你穿上靴子，背着大背包，进行了几次 7 英里远足的练习。当天你穿上了羊毛袜和合适的登山靴，并且带了尽可能多的水。你留意了天气预报，带上了雨衣和暖手宝。

假如你承认 15 英里远足是个漫长的路程，你认为上面哪种情况代表了更好的计划？

如果你跳上一辆车，开车 15 分钟去杂货店，你可能不会系上安全带，调整后视镜，或更换你半瘪的轮胎。你会认为你可以忽略这些小问题。但是如果你即将踏上八小时的跨州旅程，你的决定就会大不相同，因为这些小小的举动（或因为缺少它们）将会造成一个令人讨厌的后果，那就是它们会互相影响，让问题变得越发复杂。

每一个处于成功和荣耀位置的人都付出了必要的汗水，即使那些看起来含着银汤匙出生的人也是如此。他们很幸运地抓住了机会，但这并不是他们事后继续成功的原因。

四、没有不劳而获

现在，我们生活在一个即时满足比过去普遍得多的社会。即使只是为了一些小事——免费的音乐曲目和互联网"奖励"——它仍然给人一种印象，那就是我们不需要太多努力就可以得到我们想要的任何东西。如果我们不能绝对免费地获得某些东西，至少我们几乎可以比过去更快地获得一切。

1. 需要有所牺牲

但是，获得一项新技能或规划人生道路时，情况并非如此。无论过去还是将来这些都需要时间、努力和金钱的投入。他们永远不会免费。

你需要的不仅仅是挥舞一下魔杖。你需要大量的辛勤工作和艰难牺牲。即使是我们现在免费得到的"东西"也经常带有某种交换条件。你现在想要获得的技能，想要培养的才干，和100年前一样，也需要付出同样的努力。做好心理预期，你不可能继续做你想做的一切，而不做你不想做的一切。一些积极的东西可能会消失，而一些消极的东西可能会悄悄潜入。

为了学习新技能，你必须做出的牺牲有的相对较小，比如减少社交活动或休闲时间，或者在房间里腾出更多学习空间。有的牺牲相对更大：购买学习材料的大笔开支，与家人共度的欢乐时光，或者改变妨碍你掌握新技能的长期习惯（比如锻炼）。学习一项新技能可能也需要你每天做出牺牲，比如空出学习时间或者减少用餐。

牺牲一开始可能是痛苦的，但随着你技能的不断提高，你会感到付出是有回报的。当你培养一项新技能时，你必须清除那些不必要的义务或欲望，来为你的所有努力扫清障碍，让它们产生积极的影响。设定目标总是有条件的，你总是需要放弃一些东西来达到目标。牺牲不必是永久的，但却是必需的。

2. 走出舒适区

但这对许多人来说，就是他们雄心壮志的终点了，因为他们不愿意承受新机会所需付出的代价。获得一项新技能可能需要他们放弃一些他们最珍视的舒适区。即使某项行动会让他们长期受益，他们也不愿意放弃目前短期的轻松或快乐。一想到哪怕是暂时的不适，更不用说痛苦，都会打消他们学习新技能的欲望。

这就是为什么你必须确定你愿意放弃多少，你有多强烈地想要达到你的目标。你将不得不暂时放弃一些东西：身体上的、经济上的、精神上的、社交上的。你必须抛开你目前的便利和满足，明白现在放弃一些东西会使你的未来更美好——特别是当你收获这些牺牲的回报时。

大多数人不会做出这些牺牲。他们不想放弃目前任何舒适或稳定的状况。也许他们对自己所拥有的一切感到满足，不想失去任何东西，哪怕只是短暂的失去。所以他们不会为了学习一项新技能或改变生活方式而冒任何风险。他们很快乐（或者他们认为自己很快乐），即便生活中没有惊喜、机会或变化。

3. 警惕"自我破坏"

如果你不是这些人中的一员，那么你已经有了明显的优势。你更愿意牺牲或改变你的生活舒适度和安全感，来获得你想要的东西。坦率地说，你在追求过程中不会遇到太多的竞争或阻挠，因为你是极少数主动创造新事物的人之一。这是一条少有人走的路。

但还有另一个问题：一个人在开始学习一项新技能后，如何知道自己是否做出了足够的牺牲以确保自己能够完成？一个十分常见的迹象是：自我破坏。

自我破坏有时很难被发现，但它可以像外人直接攻击你一样致命。一个人可能会沉迷于把每件事都做得完美而浪费大量的时间。他也可能是典型的拖延症患者，或者很容易被其他事情分心。他可能因为不愿意让出一些权利而试图完成太多的工作。所有这些行为都是悔恨和无所作为的催化剂。

在这种情况下，你必须想办法把自己拉回到梦开始的地方：记住你的希望和梦想是什么，以及你如何意识到它们真的是可以实现的。还要提醒自己，它们总是包含着一些牺牲。除非你能放弃某些东西来献身于这项任务，否则这些愿望永远都不会实现。

4. 必须始于当下

所有的一切都是要付出代价的。要么你现在同意牺牲某些东西来付出代价，要么你以后会因为你没能做到的事情感到痛苦，这也是一种代价。你现在还有时间可以做出牺牲——你以后就不会有了。

例如，以想学习如何建立一个网站的两个人为例。我在这里要冒着听起来有点脱离实际的风险，因为有很多易于使用的应用程序可以帮助新手建立像样的网站，而且几乎不需要任何专业知识。但我愿意冒这个险，因为我举的例子是我实际认识的两个人。

其中一个人决定要尽可能深入地了解网页设计，所以他向一个在线教育网站支付了一定的费用（经济上的牺牲），该网站提供完整全面的视频课程，内容涉及成为一名相当不错的网页设计师所需要的各方面编码知识。课程内容非常广泛，其中一些包含多达 300 个不同的"步骤"（时间牺牲）。除了课程之外，他觉得他需要更多的实践来真正理解这些材料，所以他花了很多时间潜心钻研。他希望不要分心，所以他大大减少了花在其他网站上的时间（可能是社交牺牲）。这家伙很有动力。

另一个人想要一个新的网站，但不想牺牲太多的学习时间、经济支出或社会"责任"来建立网站。你可以在 wix.com（一个基于云计算的 Web 开发平台，它允许用户通过使用平台上的在线拖放工具来创建 HTML5 网站和移动网站）免费建立一个网站。当然，你必须使用平台上的模板。你不能真的从头到尾设计你自己的网站。如果你想得到某种程度的服务，你必须支付额外费用，但你也可以仅使用免费的服务。你可以在几分钟内就搞定，但可能你想要的某些特定的元素就实现不了。这个人用该平台建了一个网站，他上传了一些基本的作品和特定的格式后，除了添加更多的文本和图像，他就什么也做不了了。

同时，前面那个人通过学习获得了足够的专业知识，他可以在相当短的时间内轻松地建立一个非常完整、功能强大且有吸引力的网站。他还用他学到的知识开发了其他应用程序，甚至是完整的程序方案。他的才华显而易见，他的工作令人钦佩，他已经收回了他的经济投资，他在一个主要的网络上有了自己的单身汉类型的节目。

这个例子可能看起来有点脱离日常生活中的实际工作方式。但是第一个人愿意做出牺牲——老实说，这些牺牲并不是很大——让他成了一个更有经验更专业的人，拥有了他不久前还不具备的技能。而第二个家伙，我确信他是一个非常正派的人，只是尽可能地选择了最简单的路线，而没有付出太多东西。他有了一些产出，但受到了一些限制，因为他不能定制自己的网站。所以他被限制在那家公司允许的范围内，而这家公司可能是由像第一个人那样的人经营的。

这两人中哪一位已经完成了他的学习之旅，拥有了更完整、更可靠、更丰富的技能？你显然已经知道答案了。

在你开始学习一项新技能或获取新知识之前，你必须坦诚地自问期望的结果是什么。雄心很重要，但理智也很重要。你应该对你的目标充满热情，但也要允许出现错误，甚至是偶尔的失望。你必须愿意放弃一些安全感、时间、资源和娱乐。一旦你以一种合理、坚定的方式勾勒出你的期望，就该制订计划了。

💡 **本章要点：**

- 合理设定你对学习新技能的期望，有助于让你保持在正确的学习轨道上且不会轻易放弃。期望太高，你可能会感到气馁；期望太低，你可能会感到无聊和不感兴趣。习惯的形成需要两个多月的时间，而新技能的掌握至少需要 25 个小时。所以当你发现自己不是一下子就能熟练精通的时候，不要绝望。你只是正处于学习曲线中令人痛苦的那个阶段。

- 切莫高估天赋。如果你认为自己没有天赋，你仍然应该期待自己能够学习、发展和提高。这是你应该对自己抱有的乐观期望——这叫自信。

- 做好长期准备，你会计划得更好，不合理的期待也会更少。不要依赖或期望走捷径。学习一项新技能的过程中，任何想要走捷径的想法都是痴人说梦。保持实事求是的态度——没有人比你更了解自己。

- 在这个世界上，你想要的一切都代表着一种牺牲，尽管有些牺牲并不像其他的那样明显。学习一项新技能肯定会涉及许多牺牲，无论是大是小，就像麦子与糠秕的区别，大多数人要么没有意识到这一点，要么不愿意每天做出这些牺牲。

第三章 >>>

制 订 计 划

即使是在几乎一无所知的情况下开始学习一项新技能，你也可以并且应当试着在脑海里勾勒出一些关于你将如何学习的大概框架。好的计划能够指导你完成新的学习过程，但不得以要调整的话，计划也是可以改变的。

这虽然不是最重要的，但一个好的计划往往是导致成功与失败的根本所在。本章将为你提供一些策略和思考，为学习一项新技能制订一个翔实的项目计划。

一、收集信息和规划资源

1. 找到最好的资源

决定了你想要获得什么技能后，第一步是收集信息。收集信息从未变得如此简单。大量的信息、所有相关的信息，你都能找到。

　　人们可以花费合理的时间、资源和金钱来获取与自己决定学习的技能相关的每一点信息。包括指导手册、在线教程、课程、与专家和教练的讨论、图表、蓝图、插图等。所以你应该把所有信息收入囊中，是这样吗？

　　不，不是的。虽然获取信息很容易，但也很容易被其完全吞噬。你不希望过多的指令和意见包围着你，尤其是在学习一项技能的早期阶段。你获得的许多信息可能不是一个初学者所需要的——其中一些可能是更高级的知识，你要到很久以后才会用到。而有些信息可能是完全错误的。

　　所以你需要做一些初步研究，把你的资源缩小到最佳范围内。数量适当：不要太多，以至于把你淹没在不必要的实际材料中，但也不要太少，以至于让你无法开始。寻找可靠的信息基础和方向，给你一个坚实的知识基础。完成一些阅读后，你会发现有些信息经常被重复，而有些则是别人不会提到的废话。你应该能够慢慢地对可靠的信息来源进行选择和判断。

　　找到适合你学习风格的信息，并且与你的学习水平相匹配。你可以查看一些更高层次的信息来获得灵感或想法，但要确保是适合你目前所处学习阶段的最佳资源。掌握信息检索的节奏，要像掌握学习的节奏一样有目的性。

2. 避免过度规划造成拖延

信息过载可能导致的另一结果是过度规划，以至于你似乎无法开始实际工作。这就是因为过度规划造成的拖延，它与因分心或恐惧造成的拖延一样令人讨厌。而且更棘手，因为你认为自己在工作，但实际上它只是另一种推迟开始的方式。

我们的社会充斥着各种各样的数据，成为一个信息迷是极其容易的。事实上，不成为其中的一员似乎更难。这是一种被动的学习方式，用大量的情报和现实材料来围攻我们的感官和智力，但只要它们阻止你采取行动，所有这些情报数据都变得毫无意义。

这并不是说你需要关闭所有的信息来源——你需要像前面提到的那样，对信息来源做好选择和判断，这对你是有帮助的。但是当信息流开始阻碍你的行动力时，你必须能意识到这一点。计划是很重要的，但是当过度计划造成拖延时，计划也会对你产生不利。

3. 要明白你永远不可能知道一切

信息可以存在于真空中。如果你永远无法将某些信息应用到日常生活的实际中，它本质上就是无用的信息。学习新技能除所需的基础知识之外，还有一些额外的信息，这些信息在获得技能的最初阶段，对你是没有帮助的。

那些成为专家的人有一个共同点：某些时候，他们必须承认他们永远不会停止学习，这也就是承认他们永远不会知道所有的事情。但是这并没有妨碍他们去达成自己的目标，并获得相应的地位。学习一项新技能的过程中，总会有一个时间点，你必须停止或暂停吸收新知识，并采取某种行动。采取行动是完全不同的事情，而且往往你将不得不做出选择，选择行动而不是学习。

对你来说，这意味着某些时候你会觉得你必须三思而后行。成功意味着知道何时该采取行动，即使你对技能的了解还不够全面。你不必知道足球队每个位置的来龙去脉就可以开始踢球。你也不需要对莎士比亚的作品有完整的了解才可以开始写作。

无论如何，你所缺乏的大部分知识很可能会在"实践"中获得——而且很有可能你并不需要所有的知识。不要害怕在知识或信息还不充分的情况下就开始行动。与仅做一个纸上谈兵的分析师相比，通过发起和采取行动，你会学到更多。许多问题只有通过个人的第一手经验才能得到答案。

4. 从"消费者"到"生产者"的转变

我前面提到的信息迷们经常担心他们会错过重要的知

识。他们搜索互联网，翻阅出版物，并尽可能多地观看信息类电视节目，认为最终会找到他们需要的关键信息。

但实际上，他们只是像摄取食物和饮料或被动地接收娱乐类信息，消费信息。这种消极状态最终会变成一种消费主义心态。虽然接收信息并不是一件坏事，但消费主义心态让他们很容易什么都不做。

这就是为什么采取相反的"生产者"心态是个好主意。因为你会认识到向前迈进的动力来自于你的内心，而不是来自外部，不要被动等着外部推动力的出现。生产者开始工作，因为他们知道自己内心有一些东西，无论多么原始或不确定，他们都可以继续向前推进——他们不会等待外部的确认才这样做。这种心态促进了行动，使被动的借口不复存在。

在技能学习的场景中，"消费者"心态倾向于吸收或参与讨论，而"生产者"心态则从过程中产生或创造一些新的东西。例如，一个学习摄影的"消费者"可能会花很多时间阅读不同类型的包括相机、技术、滤镜、镜头、光圈宽度或任何其他信息，而不会采取任何实际行动。而"生产者"则会开始拍照，即使只有最基本的或少量的知识。后者不知道的东西，会在实际操作这一过程中学习。

换种更现代的方式，一个"消费者"心态的人会花很多时间在别人网站的评论区评论（并可能陷入争论），而一个具有"生产者"心态的人，他们会自己写文章，并发布在他们的博客上。

二、解构之下

某些人对学习新技能感到忐忑不安的一个原因是，这看起来似乎是一项庞大而令人生畏的任务。虽然在某种意义上的确是这样，但我们所认为的大多数技能——烹饪、演奏音乐、木工，甚至写作——更像是一个较小规模技能（我们称之为"子技能"）的集合，它们共同形成更大的技能。

1. 解构大任务的意义

掌握一项新技能的合理解决方案是将它分解成几个可操作的部分——将大工作"解构"成它们本身的技能步骤。你可以把这个过程想象成把手表内部机件一块一块地拆开，然后再重新组装起来。解构是将单个元素从更大的背景中取出，分析它们是什么以及它们能做什么，并理解它们的"小"功能是如何融入更大的"超级"过程中的。这样做可以让自我训练和实践变得不那么可怕，因为你可以集中精力一个接一个地提高技能。毕竟，踢漂亮的足球比赛是从跑步开始的，而跑步就是把一只脚放在另一只脚的前面，不是吗？

2. 帕累托法则

更重要的是，技能学习也遵循著名的帕累托法则，也称为"80/20 法则"。这个法则指出任何一个企业 80% 的利润来自它 20% 的项目。帕累托法则的意图是专注于开发那 20% 的项目，减少或消除对其余 80% 的关注。对我们来说，这意味着确定哪些才是对大技能来说最为重要的 20% 的子技能很关键，它们才是我们学习的重点。这是解构如此重要的另一个原因——能让我们知道该关注什么来获得最大利益和进步。

例如，语言专家加布里埃尔·怀纳说，当你开始学习一门新语言时，首先只需要关注该语言中最常见的 1000 个左右的单词："掌握 1000 个单词之后，你能认识任何普通文本中 70% 的词汇，而如果掌握 2000 个单词，则能让你认识文本中 80% 的词汇。"怀纳进一步解释了这种不平衡的现象。比方说，你只知道 10 个英语单词："the""（to）be""of""and""a""to""in""he""have"和"it"，如果这就是你的词汇量，你能认出多少本文内容呢？

根据保罗·奈森博士的研究，答案是 23.7%。英语有超过 25 万个单词，这 10 个单词占英语词汇量的 0.004%。但是我们如此频繁地使用这 10 个词，以至于它们在句子中出现的占比高达近 25%。

假设我们最终将词汇量增加到了 100 多个单词——包括"year""（to）see""（to）give""then""most""great""（to）think"和"there"。奈森博士说，有了这个词汇量，我们就有能力理解每个句子 49% 的内容。

这意味，即使词汇量降低一点点——比如仅仅用 100 个单词，我们就能识别每个句子将近一半的内容。让我们把这个数据放得更宽些——这仍然意味着用 200 个单词，我们也可以识别每个句子中 40% 的内容。事实上，不到千分之一的英语单词几乎构成了每句话的半壁江山。这一事实非常重要，同样也是帕累托法则的一个确凿证明。

亚历山大·阿圭列斯博士是另一位在东南亚教育部长组织的区域语言中心工作的语言学家，他对这个问题做了更深入的分析。阿圭列斯博士说，每一个特定语言的使用者每天使用的单词量是 750 个。此外，你只需要 2500 个单词就可以表达你可能想说的任何事情（虽然有些表达可能有点尴尬或奇怪，但从技术上讲，你只需要 2500 个单词）。

这几乎完美地概括了帕累托法则。为了将它延伸到我们的生活中，选择任何你想学的科目，并将其分解为该领域专家所认为的重要任务——以及那些不重要的任务。

以德语学习为例，对于母语为英语的人来说，这是一个相当具有挑战性的学习。许多语言学习模式都是从最简单的词开始的——"a""the""he""she"，等等。然后开始转向常用的单词和短语，如"man""woman""thank you""please"，"apple"等。你已经可以看到，主要重点是放在你每天可能会用到的单词上。

然而，你可能正处于如何前进的十字路口。由于德语单词可能相当长（例如，fliegenduntertasse，字面上的意思是在杯子下面飞），可能看起来很吓人，但你可以把它分成几大块，一次只关注一组单词和概念。除了你刚开始学的，最常用的300个德语单词是哪些？在网上很容易找到它们的列表——找到那300个单词，把它们分成更小的单词组，然后一次只练习一组。

你也可以根据自己学习德语的个人动机来分解步骤。是为了工作吗？是计划去柏林旅行吗？只是想和一个德国朋友交谈吗？有了这些问题的答案，你就可以确定相比其他人你更有可能使用哪些短语和概念——也请找出那些单词，并像对待其他单词组一样对待它们。

你会发现几乎所有的应用中，只有相对较少的子技能对有效练习更大技能是绝对重要的。对技能进行解构，缩小你的关注范围，会让你走得比你想象的更远。一旦你掌握了20%的技能，你可以在这个过程中学习额外的、不太重要的技能。并非所有的子技能在整个学习阶段都是重要的，事实上，当你刚刚开始学习一项新技能时，大多数子技能并不重要。了解造成了这些差异的原因，把你的努力放在最重要的地方。

三、让你的环境帮助你

决心和专注这样的内在品质，当然是学习新技能的重要组成部分，不过你周围的环境也同样重要。

你的个人空间应该完全利于执行学习计划，使你很容易获取你需要的东西——也许更重要的是，摆脱那些可能让你分心的东西。所有你为改善学习环境而必须做出的改变几乎都很容易，但它们可以带来的影响却有着巨大的不同。

非常简单的规则是，把你需要的东西放在手边，把不需要的东西放在完全够不着的地方。如果你练习一项新技能所需的一切都在手边，这可以节省时间，并保证你的工作项目更顺利地进行。这也将大大减少你在找不到所需东西时的挫败感，这种挫败感远比你想象的要多得多。

相反，把所有不必要的物品放在你的视线之外——最好是放在另一个房间——可以消除分心的可能性，保持一个更实用的工作环境。拥有一点点"负空间"可以促进一个更干净、更整洁的环境，这对于集中精力学习技能总是有好处的。

例如，假设你在自学画画，尽可能让你的个人学习空间有利于练习。这意味着准备好素描纸、钢笔和铅笔，把它们放在触手可及的地方（可以把钢笔和铅笔放在一个杯子里）。还要设置一个专门用于绘画的桌子或工作区。如果你有指导书籍或其他材料，也要把它们放在近处。

此外，摆脱任何可能分散你注意力的东西，把它们留在工作室之外。远离笔记本电脑或手机；远离电视或无关的书籍；远离繁杂或让人分心的音乐；远离互联网，并把门关上。如果你发现自己一直在看窗外，可以拉下窗帘。

对那些从你的学习环境中剔除的物品要做到毫不留情——如果你需要，可以把学习环境变得像警察审讯室一样简单，只有一张桌子和几把椅子。营造这种环境的唯一目的是让你尽可能轻松自然地学习并练习你的新技能。

在这样的学习环境中，你更容易把一个新学到的行为变成一个"默认"的行为，可以不假思索地去做。即使你不喜欢新学的行为，但它本身是你需要接受的任务，你也可以默认地行动，那么你就在提高技能进而养成习惯的战斗中获胜了。

四、混合不同的学习风格

有上百万种不同的学习风格和方法，专家们（其中许多是自称的）用理论和假设来支撑它们。你可能听说过学习金字塔或其他一些形式的说法。许多已经被心理学家驳斥了，有几个几乎没有任何科学理论的支撑。然而，由于学习风格研究是一个易变的领域，你可以了解一下有哪些学习风格，因为混合不同的学习风格也不会对你造成伤害。

归根结底，最适合你的方式都是你应该采纳的。你可能会从苛刻的学习方式中获得更好的结果；也可能更松弛的训练会让你表现得更好。只要能产生结果，任何一种选择都是合理的。关键是你可能不知道什么最适合你，所以接触更多的选择，总体来说是有帮助的。

一个更好的方法是将学习方式混合起来，使用任何对你最有帮助的元素——即使是有点冒险的风格。首先，你不希望你的学习变得枯燥乏味，因为这在技能学习的应用中很少奏效。其次，你也不希望把某种学习方式的无效性作为不学习的理由。例如，如果你很喜欢视觉辅助工具，但你想学习的技能却找不到任何视觉辅助工具，你不会仅仅因为没有你最喜欢的而放弃所有的学习方式。通过将某些学习方式融合到同一个学习项目中，提升学习效率的机会就会增加，因为你可以有更多接收信息的途径了。

以下是你可以借鉴的主要学习风格和方法：

1. 主动型与反思型

主动型学习者通过实践获得知识。他们不断地与所学的东西进行互动，或将其付诸实践，或与他人进行交流，对其进行解释或辩论。反思型学习者更有可能首先考虑他们所学的材料，在头脑中进行分析和梳理，然后再付诸行动。简而言之，主动型学习者会说"让我们做一些事情吧"，而反思型学习者会说"让我们仔细想想吧"。

我们以学习木工为例。一方面，主动型学习者会收集他们需要的所有材料，通读一些基本的说明，然后开始动手组装桌子。他们从反复试验以及错误中学到很多，如木材的表面处理、木材切割，并试着开始组装。另一方面，反思型学习者可能会在读完说明材料后停下来，考虑组装策略，分析可能使用的不同种类的油漆和染色剂，进一步深入思考后续行动计划，同时，确保这部分工作不会导致不可接受的拖延。

2. 感觉型与直觉型

这一组学习风格与"注重细节"和"着眼大局"的思考二分法有关。一方面，感觉型学习者被信息、记忆和传统的学习设计所吸引——他们很实际，他们对任务中的特定元素有敏锐的洞察力。他们会逐项列出并遵循既定的问题解决程序，同时密切关注问题的具体细节。

另一方面，直觉型学习者关注某项技能的效果、关联性和潜力。他们富有创造力，寻求理解的新角度和概念之间的关系。他们并不总是注意小细节，可能会经常出错，但他们对当前目标的强烈认同能让他们持续输出真知灼见。

例如，在网络开发项目中，感觉型学习者会关注代码的所有细节。他们一丝不苟地检查每一行，找出错误，并根据需要进行调整。他们知道自己脚本的细节，并且知道如何快速修复错误。而直觉型学习者会更关注某些应用程序和代码如何协同工作，各个组件是如何相互关联实现更大的目的。感觉型学习者看到的是 HTML 代码、JavaScript 和单独可执行的组件；而直觉型学习者看到的是一个在线商店的各组成部分，并试图让它们同步工作。

3. 顺序型与全局型

这一组学习风格与感觉型和直觉型是平行的。顺序型学习者需要秩序和逻辑，他们以线性方式获得知识，一次获取一部分，每一部分知识都是前一部分知识的合理延伸。顺序型学习者通过遵循一系列有序的方向，在其中逐一推进来解决问题。

全局型学习者系统性较差。他们在事情发生时快速学习，但不一定能描述出他们所学主题的细节。他们倾向于响应跳跃式学习，从一个主题到另一个主题，一开始并不总是能看到每个主题之间的联系。但不知何故，他们最终会"明白"其中的奥妙。他们天生倾向于以更偶然的方式学习，这使得他们能够在各个思想和知识流派之间形成不同寻常的关系，反过来这又帮助他们以意想不到的方式解决错综复杂的问题。

例如，以学习如何成为一个更好的公众演说家为例，顺序型学习者会希望循序渐进地取得进展。他们会一次学习一个方面：写演讲稿、改变语调、使用手势、了解听众——公共演讲的每个方面都会按逻辑顺序展示出来，并且一次处理一个方面。全局型学习者则会把自己投身到演讲的实践中，通过实践来学习，而不用按步骤来分解。后者会潜心研究公众演讲，并在更大的群体中分析他们的整体技能，逐步地对各方面进行微调。

4. 视觉型、听觉型、读写型与动觉型

这些风格的区别在于面向学习者的信息呈现方式。如你所料，视觉型学习者会对图片、图表、图形、草图、电影、现场演示和其他易于观看的媒体做出反应。他们通过观察事物来学习。学习社会学的视觉型学生会对显示人口分布的图表做出反应；学习烹饪的视觉型学生会欣赏一段制作香煎鸡肉的教程视频。

我们将听觉型和读写型两种略有不同的风格归入"言语"学习的范畴。听觉型学习者在听讲座或小组讨论时，他们通过听和说来学习。如果教授是通过讲故事的形式来讲授的话，他们对滑铁卢战役的掌握程度会更高。

读写型学习者专注于书面文字，他们通过书籍、研究记录和手抄本来记忆信息；书面报告或论述也是他们理解所学知识的首选方式。他们会更喜欢读一本关于拿破仑在滑铁卢战败的书。综上，听觉型和读写型学习者都非常强调文字。

动觉型学习者在身体活动时精力旺盛，他们需要运动。他们的肌肉是记忆的主要渠道；他们往往在手眼协调、身体计时和身体反应方面表现出色。显然，动觉型学习者往往擅长运动、舞蹈和其他身体动作。但精明的老师可以向动觉型学习者教授更多的智力课程——例如，鼓励他们画出他们所学内容的示意图或草图（这可以让他们的手保持活动）。

适当的计划会赋予你某种资本，而这种资本通常与学习行为无关。它允许你设定节奏，了解你的能力，并围绕这些能力组织你的技能学习。有理由认为，让自己坐在驾驶座上比让别人来驾驶更有激励作用。通过为你的学习设计一个计划或方案，你给了自己更多的兴趣和动力去学习你想要的技能。

💡 本章要点：

- 制订计划很重要。计划虽不是解决一切问题的灵丹妙药，但它肯定会影响到你掌握技能的效率。更好地制订计划的首要方法有违直觉——需要减少信息的消耗。大多数人停留在信息收集的阶段，这抑制了他们的行动。要知道，你永远不会什么都知道，你必须有意识地选择停止学习，以便采取行动，这时"生产者"心态会对你有所帮助。

- 计划将你的技能解构为更小的子技能，这有助于你更容易地学习，也让你更清楚目前哪些技能是真正重要的，哪些并不重要。你可以找到"80/20 法则"的突破点，比如学习语言时，大部分的日常对话只使用几百个词汇。

- 让你的环境帮助你学习，让练习和学习变得容易，让分心和拖延变得困难。简单地说，把应该做的事情放在手边，把不应该做的事情放在看不见的地方。不要依赖你的意志力。

- 混合不同学习风格和媒介进行学习。了解不同类型的学习风格没有坏处，你可能会发现自己有了新的偏好。

第四章 >>>

打造你的圈子

你周围的人对你技能和能力的发展有非常重要但经常被忽视的影响。他们可以帮助你跨过终点线，也可以削弱你的动力让你停留在原地。他们可以引导你，给你力量，也可以对你漠不关心。这与你选择为自己创造的环境密切相关。回想一下，你可以让你的环境帮助你，同样也可能被环境伤害。你周围的人也是如此，尽管以这种方式来看待别人可能不那么令人愉快。

尽管他们频繁地进出你的生活，你仍然可以控制谁进入你的核心圈子，谁留在外面。并不是说要利用别人，只是要把有用的人留在身边。本章将探讨如何避开悲观主义者，及如何管理那些会在情感上支持你，不会让你觉得被评判或被愚弄的人。

一、摆脱反对者

不管他们是否意识到，有些人真的有拖别人后腿的本事。他们耗尽你的资源，让你失望和沮丧，让你落后于你想要达到的目标。塑造朋友圈的第一步是把这类人赶出去。

1. 负面心态的实质

你可能认为他们没有以任何方式打扰或影响你，但是相信我，这不是事实。你发现自己越是和他们在一起，他们对生活的观点和看法就越是渗透到你的生活中。即使你试图反驳他们的信仰或与他们争论，他们也在一点一点地影响你的观点。他们对你的影响将永远留在你的脑海中，潜移默化。如果你提到一个新的创造性的举措，他们会温柔地挑剔，指出你的缺陷和你可能会失败的原因。如果你表达一个合理的意见，他们会提供反馈，说你不知道自己在说什么。天哪，他们真让人讨厌。

然而，他们仍然是人。因此，可能有很多个人是由于恐惧而导致了他们的悲观心态。一个人几乎所有负面情绪的表达都来自于三种根深蒂固的恐惧之一：不被尊重、不被爱、对可能发生的坏事感到恐惧。

所有这些恐惧共同形成了一种世界观，往好里说是偏执，往坏里说是破坏性的：世界很糟糕，人们很差劲。而通过你和他们的交往，他们把这种观点强加给你。此外，如果你获得了某种程度的成功或快乐，并且表现出来了，他们很可能也充满了嫉妒和怨恨。

不知不觉中，你很可能会把他们的负面看法当作你自己的看法。

有很多经典的场景，人们被别人投射到他们身上的恐惧所阻碍。

- 过度保护的父母限制他们的孩子参加体育活动，因为他们自己害怕受伤。

- 嫉妒的朋友对你和爱人的关系大加挞伐，因为他们害怕孤独终老没人爱。

- 一些同事对你的升职大发牢骚，因为他们觉得自己不受其他同事的重视。

当你意识到他们的谴责和抱怨来自于他们自己的恐惧时，这应该让你看到他们的疑虑是他们自己的事——与你无关，也不应该拖累你。

2. 负面心态对你的影响

负面的影响，以其特有的方式，非常善于投机取巧。如果你表达了反对的意见，他们会很乐意支持你，解释为什么你的愤世嫉俗或沮丧是正确的，并且完全无条件地支持你任何有害或消极的思想。他们会强化你自身的不安全感，让你陷入自我怀疑的深渊——这可不是你想待很久的地方。相反，如果他们能引导你产生充满力量的想法，那就会好很多。

当你对自己表示怀疑时，积极的人试图引导你走向自信——他们确保你能完成任何事情，如果你认为你不能，他们会试图证明你是错的。然而，消极的人会轻易地成为一个回音室，淹没任何希望的迹象。

消极的朋友沉浸在他们自己的颓废无为中。他们不认为作为一个人的成长有任何意义或回报。他们可能没有意识到自己有这种感觉，但他们也不希望你成长，并会积极地阻止你成熟、改变和发展。如果他们觉得你没有机会改善太多，他们会给你加油，但当你接近成功或超越他们的时候，他们会突然变成你最大的批评者。

3. 远离消极的人

生活中取得进步的唯一解决方案是多跟那些也想前进并同时会帮助你的人在一起。积极的人踩着油门，消极的人踩着刹车。

这也许并不总是100%的可行——特别是如果一些消极

的人是你的直系亲属，但是试着尽量减少与消极的人相处的机会。他们的负面情绪几乎总是与他们自己有关，而不是因为你。彻底断绝关系是不太可能做到的，但至少要认识到你所面对的是什么，并学会减少负面情绪对你的影响。

二、找个榜样

一旦你尽可能多地排除了负面情绪，改变了环境并且寻找到有价值的伙伴，下一步就是识别那些已经达到成功水平的人——无论你是否认识他们。请记住，这种情况下，价值并不是体现在他们对你的价值或用途，而是体现在他们对你的支持和培养。这就是创设榜样的含义——你也可以把这看作是榜样的作用。

创设榜样是一种神经语言学编程方法，旨在帮助你模仿周围人的理想品质。这个想法是通过反映成功人士的行为来获得他们所收获的积极结果——我们可以尝试深入研究他们的心理和意图，但现实是我们只能观察行为。我们相信，通过复制行为——行动、言语风格、语言、决定和成功人士的整体性格——最终我们也会达到他们的成就水平。如果你在你想要的技能方面成功地模仿了别人，你会进步得很快。

你的榜样应该涵盖你所寻找的那种成功所需具备的技

术、行动、口碑和风格。但请记住，这只是对这个榜样的概述，而不是完整的资料。在创设榜样过程中，你会只关注那些直接影响并促成他们成功的特质。通过观察他们成功的各个部分，确定成功的最大因素，并把它们变成一种你可以模仿的原型。

某种程度上，你已经这样做了，尽管是在不知不觉之中。如果你和某些人或团体相处了很长时间，你就会悄悄地把他们的许多特质、理念和行为融入你自己的生活中。你一生都在这样做，逐渐接受那些最接近你的人的举止和行为。创设榜样是在一个更有意识的层面上进行的，你积极追求成为榜样这样的人，或者至少可以远远地效仿他们。

在你的社交圈里寻找那些拥有你所期待的特质和技能的人。一点一点地，你会把他们的特征吸收到自己身上。一个重要的建议是，确定你永远不是房间里最聪明的人——因为聪明的人会让你受益匪浅。推而广之，确定你永远不会是房间里或社交圈里最"X"的人——这里的"X"是你想要实现、改进或学习的东西。从纯技能学习的角度来看，这对你没有帮助。

如果有一些名人让你很敬佩，也要对他们进行研究。阅读新闻报道、采访和他们的生活故事——吸收你能找到的关于他们的所有信息。然后，当出现情况或问题时，问问你自己，如果那些名人榜样遇到这样的情况，他们会怎么做。

你可以从榜样那里模仿一些更具体的方面，包括以下内容：

1. 外在行为

出现其他外部情况时，你的榜样是如何应对的？他们表现出什么样的习惯、语言（言语和肢体语言）和能力？他们在社交媒体上是如何与他人互动的？研究他们的表情，注意他们的言语，寻找可能被忽略的小动作，观察他们如何表现自己。仔细观察你的榜样，不仅可能获得他的行为方式，而且还可能获得如何发展你想要获得的技能的线索。请记住，行为和行动是展现他们意图的最佳指标，也最能为我们所用，因为它们是可观察的。

2. 内部特征

尽你所能，想象一下你能对内部特征做出什么假设？你的榜样对什么具有很高的价值认同？他们支持什么样的情感、抱负、想法、计划、观点和目标？试着模仿，或者至少预测他们的思维过程和反应。

由于这些比他们的外在行为更无形，更不明显，你对他们态度的看法可能会有很大的跳跃性，但要尽可能地用确定的证据来支持你的观点。就像他们的外部行为一样，你的榜样的内部特征也可以提供如何获得他们的技能的线索，或者至少你可以无比接近它们。

3. 环境

他们的社交圈里都有哪些人？他们在什么情况下茁壮成长或苦苦挣扎？什么样的事件或环境对他们有利，你能看到什么样的模式出现？他们的居住环境如何？从更大的视野审视你的榜样在他们周围世界中的位置——以及世界是如何影响他们的。试着看看你想要培养的技能是如何指挥他们的交际行为或助其互动的：他们的环境对技能的获得有什么帮助（如果有的话）？

例如，假设在某个艺术领域·些有创造性的人对你有很大的影响。他们可能会向外界公开他们的工作——你可以找到对他们的书面或录音采访，以了解他们的创作想法或过程。如果他们更隐遁或不经常对媒体交流，问问自己为什么——然后研究他们的艺术，看看是否有任何关于他们的个性或信仰的线索。试着把自己放在他们的位置上想一想。

然后看看他们是如何融入世界的，谁支持他们，为什么？他们是如何通过自己的艺术和行为改变别人对世界和自己的看法的？在别人看来，他们的基本原则是什么？他们将留下什么遗产？

但最重要的是，他们所拥有的你想要的技能如何在他们与外界的互动中显示出来？很有可能，他们之所以出名主要是因为你想要的那个技能。看看你是否能弄清楚这种技能在他们的角色中如何发挥作用，以及他对公众有什么样的影响。这与学习技能不同——但是这可以让你深刻理解为什么这项技能对这么多的人如此重要，并给你提供关于如何学习这项技能的想法。

三、找个导师

大胆一点，找一个你想效仿的人做你的导师，这是个好主意。这是一种从已经走过这条路的人那里获得直接的个人援助的方式，他知道需要经历的考验和斗争，并且可以提供关于自己获得成功的第一手建议。

理想情况下，你的导师应该是一个通过自我摸索获得成功，或者在成功过程中很"轻松"的人。他们需要从底层开始，有条不紊地努力向上。你需要一个通过努力、尝试和错误获得技能的人来做你的导师。

你的导师也不一定有天赋或是"幸运儿"。运气或简单的天赋不应该是他们地位的主要来源——这些都是无法教的东西。寻找一个人，他必须学习过你需要学习的那些技能，并且坚持不懈地应用它们，直到他到达了你正在仰望的那座山的山顶。

为什么这很重要？因为这样他们能以最有帮助和最有目的性的方式，向你分解他们的技能组合。一方面，那些不得不从零开始学习的人，没有任何固有的优势，他们了解每个级别所需的确切步骤，并能解释这些步骤，因为都是他们的亲身经历。另一方面，那些有天赋的人经常会做出本能或自发的行为——这不是那么容易解释或教授的。

换句话说，我会相信一个身高1米72的职业篮球运动员，而不是一个身高2米18的运动员传授的经验。因为较矮的那个人可能不得不更努力地克服固有的劣势，而较高的那一位已经拥有了篮球运动最重要的一个特质——身高。

如果一个导师具有成功人士的经历，那么他的价值就更大了。这不仅说明了他的业绩，而且还意味着他可能有一个既定的策略或计划，你可以在自己的学徒生涯中使用——一个已经被证明对其他人有效的战略或计划。他们的策略或计划在某种程度上是可以复制的，而这对你来说是很重要的。

好的导师和教练能迅速发现你实践中的缺陷，并能在你形成习惯之前进行纠正。他们只需看着你，就知道你做的事情是太多、太少还是不正确。没有什么比延续错误更有害的了，这就是为什么有一个能够立即纠正这些错误和倾向的导师是如此关键。

高质量的导师总是试图测试你技能的极限，并促使你离开你的舒适区。他们会给你设置挑战，让你去突破，但他们也会给你鼓励和情感动力，让你走向胜利。

有很多师徒关系取得巨大成功的例子。脸书首席执行官马克·扎克伯格曾将自己置于已故的史蒂夫·乔布斯的指导之下，乔布斯分享了他的商业信条和管理实践——这些曾在苹果公司取得了很大成效。微软的比尔·盖茨与大亨沃伦·巴菲特有着同样的关系，巴菲特提供了他对商业和慈善事业的见解。维珍的理查德·布兰森是人们能想到的最全面的人生奋斗者之一，他在英国航空企业家弗雷迪·莱克爵士的帮助下创办了自己的航空公司。

在那些著名的案例和无数不太著名的案例中，导师都是白手起家取得成功的人。他们分享了对他们有效的（和无效的）实践真知。他们对学徒的成功真的很在意，并从这个角度出发，为后者提供灵感和动力。

如果你找不到一个"正式"的导师，那么至少要找到几个你可以经常联系的人，你可以向他们征求意见，或者可以和他们公开谈论你的担忧。尝试把他们当作你的个人董事会。

四、沉浸其中

最后一步，如果你能做到的话，就是找到一群人，发现他们身上体现出的你想要实现的技能，而且被这些技能所驱动。这说起来容易做起来难。《天才密码》的作者丹尼尔·科伊尔在他讨论"天才温床"时概括了集体技能和艺术的好处。

例如，科伊尔提到了包括达·芬奇在内的，居住在意大利佛罗伦萨的艺术家的高度集中。"佛罗伦萨是一个强大的社会发明——手工艺行会——崛起的中心，"科伊尔写道。"行会是由织工、画家、金匠和相似人员组成的协会，他们组织起来规范竞争，控制质量……然而，他们最擅长的是培养人才。行会建立在学徒制度的基础上，在这种制度下，7岁左右的男孩被送到师傅那里生活，固定期限为5年到10年。"

手工艺行会展示了一个有效集体的所有方面：对质量标准的协议，对所有人的成功和成就的直接和间接利益，以及专注于指导他人发展、巩固技能和培养良好习惯。你可以想象这种环境会培养出什么样的天才，无论他们是否天赋异禀。

　　科伊尔还谈到了巴西的足球运动员，巴西是连续几十年来在足球方面最占优势的国家之一。与佛罗伦萨的手工艺指导一样，巴西特别注重以一种专门的微型的游戏形式发展足球技能。

　　沉浸式练习的一个典型例子是在巴西年轻足球运动员中非常流行的"五人制足球"游戏。这种游戏与普通足球比赛的不同之处在于，这种球的大小只有普通足球的一半，但重量却是普通足球的两倍，比赛场地也小很多。这些因素使得学员得以收获了深度练习。较小的球场意味着更多的互动、更少的延迟，因此总训练时间更长。游戏对动作的精确度要求也更高。一旦球员们最终在常规场地上用常规球进行比赛，他们通常就能展现出令人钦佩的精湛技艺。

　　这些团体的价值非同寻常，因为即使他们在团队中竞争非常激烈，但仍然有一个共同提高的集体目标。作为一个团体学习这些技能，鼓励思想的流动并分享其他人如何成功的例子。对于技能学习者来说，在身临其境的范围内获得了很多有价值的信息，而这些信息在"外部世界"是不存在的。强烈且精确的专注和团体的"精神融合"是他们的每日工作的常态。在这样的环境中很难学不到新的技能。事实上，每天接触这种技能之后，很难不成为专家，以至于成为你的新常态和常规水平。即使是那个时代最糟糕的佛罗伦萨艺术家，或者最差的巴西五人制足球球员，也可能远远高于世界其他地区的平均水平——这就是沉浸式学习的力量。

你可能与伟大的佛罗伦萨艺术时代没有任何联系，你更有可能不是一名崭露头角的巴西足球运动员。但是有很多方法可以在你想要发展的技能中找到类似的支持。

像 meetup.com 这样的在线网站，拥有你能想到的几乎任何技能的国际团队——网络编码、绘画、博客、房地产投资、舞蹈、烹饪——这还只是截取了它们网站主题页面的上半部分。这些团体中有许多按地区进一步细分，因此他们有可能可以私下会面。这些小组通常是发展技能的重要知识来源，他们会分享关注的问题、新想法、新技术，同时给予新手相应的支持。

佛罗伦萨艺术团体和巴西五人制足球的策略是围绕集中精力的、紧密集中的训练形成的。学生们努力理解他们所学技能中每一个微观策略和细微差别。要在现代团体中效仿这一原则，需要持续的工作、开放的交流、直截了当的反馈，至少还要有一点竞争力。为此，团队中的所有成员都需要保持高度的专注和对工作的热切渴望——任何只是乐于做个业余爱好者的人都不会在这种环境中占有一席之地。这样的团队现实中存在吗？诚然，这可能比较困难，但如果你足够努力地寻找，你肯定能找到寻求类似沉浸式体验的人。

技能获取是一种个人追求，但几乎没有人完全独自完成。身边激励着你的人可以为你想要完成的事情定下基调和议程（有时会告诉你不应该做什么）。让自己向正确的人敞开心扉，明智地选择榜样和团体，可以打开意想不到的大门，培养新的想法，并帮助你实现你想要的目标。

 本章要点：

- 你周围的人可以成就你，也可以毁掉你。他们可以是你的支持者，也可以是你的反对者。然而，最危险的是那些看起来为你的最佳利益着想，但实际上却把自己的恐惧和不安投射到你身上的人。也许并不总是能够与这些人决裂，但至少要认识到他们批评的来源，并对其持谨慎态度。

- 希望你身边有你可以效仿的人——那些发挥榜样作用的人。你可能不知道他们的想法，所以要特别关注他们的行动和行为，因为这些最能体现他们的想法和意图。

- 下一步是找到一位导师——正式或非正式的。他们是你可以提出想法，征求反馈，并鼓励你朝着正确方向前进的人。理想情况下，你的导师是那些自己从零开始学习的人，因此他们最适合剖析你的行为，并根据自己的经历和奋斗史为你提供有用的反馈。

- 如果可能的话，找一个让自己沉浸其中的团体，最好的例子是巴西足球运动员和意大利文艺复兴时期的佛罗伦萨手工艺行会。这很难，但这个方法能令你被高水平的技能所包围，并让它成为你的新常态和常规水平。

第五章 >>>

营造学习环境

　　我们周围的环境会影响我们所做的一切，对学习新技能也是如此，就像任何其他活动一样。但我们对环境的考虑可能不如对完成项目所需的资源的考虑，大概是因为我们认为环境中没有那么多轻而易举就能控制的东西。事实并非如此。

　　将环境安排得更有利于学习，实际上是学习新技能计划中最基本且可控制的部分。即使在一个相对较小的空间里，假如你是学艺术的，你可以把所有的颜料都放在触手可得的地方，如果你是学会计的，你可以把参考资料和账本放在手边。通过营造学习环境，使你的自学减少一些障碍、提高一些效果，你可以把任何空间变成一个有效的工作室，在那里你可以专注于学习、完善和改进你的技能。

　　正如我们在上一章中讨论的那样，和最支持你的人在一起是很重要的,同样重要的是,你要让你的个人学习环境尽可能实用,来满足新技能的学习。本章涵盖了一些帮助你做到这一点的方法和理念。

一、切勿盲目自信

当你规划学习环境时,最好不要对自己的学习能力和专注力过于自信,而想着要图省力或偷懒。事实上,当你整理你的工作空间时,你的主要思路就是对自己的自律做最坏的假设。

在学习一项新技能的整个过程中,你必须相信或者至少假装相信——你自己是不能被信任的。你很有可能,即使只是短暂的时间,会变得懒散、冷漠、缺乏认识,或者只是单纯地懒惰。你可能认为你能够突破那些消极的障碍,但当你在打造周边学习环境的时候,请暂停这种信念。这一阶段的工作是让你周围的环境尽可能万无一失,这样你就可以不用太费力就能回到正轨。

二、设置学习环境

这里所指的学习环境包括你每时每刻的周边环境,以及你的家或办公室——这些建议都适用。

1. 设置提醒

新技能的学习受益于建立日常的"惯例"。新技能的每一步都在你的掌控之下，你可以积极主动地安排你的日程。你可以在所有的数字媒介中设置提醒，你也可以让周围的人提醒你。使用你的在线日历，为练习和研究设置提醒——包括那些突然冒出来让你吓一跳的提醒。

如果你已经将在线日历与许多电子设备同步，那么一旦开始工作，你几乎永远无法逃脱各种闹钟和铃声。这其实是一件好事，散落在各处的便笺纸对你的帮助将远超你的想象。

2. 让资源触手可及

学习时找不到你需要的东西可能会很影响到你的发挥。有时，我们抓狂仅仅是因为我们需要的东西在房间的另一边（并非夸张）。为了避免这种情况发生，把学习技能所需的所有资源都放在你的主要工作区。把书放在桌子上，把需要的物品放在柜子里，只要椅子转个方向就能拿到。这不仅会使你更方便地取用这些物品，而且还有助于将你的工作空间集中到一个相对紧凑的环境中，对保持注意力有很大帮助。做个游戏——看看你是否能在不站起来的情况下拿到你所需要的一切。

3. 清除分散注意力的物品

除了把需要的东西放在身边，还要把任何会分散你注意力的东西放在视线之外。你不必对留在工作区的东西采取绝对的极简主义——如果某盆植物或某件抽象艺术品让你感觉更舒服，留着就好。但是，如果你太容易被飞镖或纳夫枪吸引注意力，那就把它们移到另一个房间或放在壁橱里，这样在你工作的时候，就不会受它们影响。

4. 桌面壁纸设置激励提醒

当然，漫威动画海报或田野里百合花的照片让你的屏幕看起来很酷或很有美感。但还是建议让你的桌面壁纸成为技能学习的灵感来源。你可以使用激励性的话语，学习成品的图片（如果你正在学习木工，就放一张雕刻精美的桌子图片），与学习主题相关的图片，或者任何对你来说最有意义的东西。你也可以使用图片软件制作拼贴画作为壁纸。这可能是件小事，但是在一天中反复看到的东西会对你的工作热情产生累积效应。

5. 重新设置软件图标和浏览器

很有可能你们中至少有一半人学习一项新技能——即使是体力性质的——都需要用到电脑和网络。就像我们上面讨论的那样，你已经把所有的学习资源放在触手可及的地方，网络材料也应如此。把所有与技能学习相关的网址书签整理成一个专门的文件夹，并使该文件夹在浏览器的书签栏中即可方便访问。对你可能正在使用的任何计算机程序、应用程序或文件也这样处理——把它们都整理到一个文件夹里（最好是用不同图标的文件夹），并在你的桌面或手机的文件目录中占据中心位置。将你的主页设置成与学习的技能相关的内容。隐藏其他一切会影响你学习的信息。

有一个避免分心的方法是为你的技能学习设立一个专属的浏览器。如果你像我一样，使用一个浏览器查找所有的信息，倘若需要使用网络进行技能学习，可以考虑换另一个浏览器。它们都是免费的，不会增加你的学习成本。如果你使用 Chrome 作为你的主浏览器，那就可以用 Firefox、Safari 或 Opera 作为技能学习浏览器——或者其他你觉得更合适的浏览器。

6. 控制工作场所的背景音乐

你可能会认为，当你专注于一个项目或学习一项新技能时，我会建议你的工作场所是完全没有音乐的。当然如果你播放的音乐容易分散或转移你的注意力，那的确我不建议你这么做。但有些人认为，某些类型的音乐实际上通过放松大脑的某些部分让学习变得更容易，从而提高学习效率（这被俗称为莫扎特效应）。我相信这个理论，因为我在写这一章的时候，背景音乐是柔和的古典乐——对我来说，这个方法是管用的。它可能对你的技能学习也有帮助。

非常嘈杂的音乐可能会让你在写作等较安静的活动中分心，但如果你在户外或车库里工作，这样的音乐可能会对你有所帮助。无论是哪种情况，你需要能完全掌控你工作场所的声音设置，确保声音氛围的设置只为支持你的学习活动。

如果你对莫扎特效应不感兴趣，你仍然可以根据让你最舒服或者更容易激发到你的声音优化周围的声音氛围。可能是任何声音——白噪声、柔和的环境噪声、熟悉但不引人注目的音乐。或者完全安静，如果你需要的话。

所有这些技巧都有助于你更容易进入学习状态，注意力更集中，并且分心走神更少。它们可以适用于你正在学习的任何一种技能，且无论你的技能学习需要大空间还是小空间。

假设你在自学吉他。你有一个类似工作室的小空间，专门用于吉他练习。在工作室有一个舒适的凳子，你把吉他放在凳子旁边的支架上。支架附近有一张小桌子，上面有几盒拨片和吉他弦。桌子上还有几本和弦书，它们一直摆在那边。你的笔记本电脑和扬声器也摆在桌子上。你收集了很多吉他视频教程，把它存放在电脑桌面上的一个文件夹里。你在电脑上设置了吉他学习的专属浏览器，收藏夹里储存了所有你需要的在线学习资源。最后，你已经把工作室里凯文·杜兰特真人大小的巨幅照片搬走了，因为你发现它只会让你分心和走神。

三、其他方面的环境设置

设置适当的感官氛围并不局限于听觉——你也可以结合其他感官共同创造一个激励和鼓舞人心的环境。

1. 视觉

贴一张可以激励你的图片或海报——如果你在学习意大利烹饪，可以贴比萨斜塔；如果你在学习登山，可以贴珠穆朗玛峰。相反，如果你不想被过于活跃的视觉刺激分散注意力，那你可以什么都不贴。

2. 嗅觉

每个人对嗅觉的看法各不相同。有些人只能在闻起来超干净的空间里工作，而有些人则完全无法忍受这样的空间。以你的喜好为准。更进一步说，你可以"调整"环境中的气味来反映你正在学习的技能：假如你正在学习如何烘焙，环境中的气味可以调成新鲜面包的味道；如果你正在学习帆船运动，那就设置成海洋的味道。

3. 触觉

孩子们通过触觉实验学到了很多东西，无论是通过黏土、花瓣还是建筑材料纸。当你不经常使用工作材料时，你仍然可以把它们放在容易拿到的地方，如用于金属加工的钢板或者用于编织的羊毛毯。

你可以对个人工作空间做些小改动，让它成为一个舒适而高效的学习技能的好地方。你也可能有其他适合你的整改方案。不管你的解决方案是什么，只要让你尽可能轻松地完成学习新技能所需的工作就可以了，而不要让学习变得更加困难。

💡 **本章要点：**

- 本章作为一个额外的提示，提醒你周围环境的力量。它可以拖你后腿，也可以推动你走向成功。只要看看前一章中佛罗伦萨和巴西的例子就能找到证据。当你设计你的环境时，不要寄希望于你的意志力，也要避免你有意识地采取的刻意的行为。

- 你的环境可以作为一个巨大的警示，提醒你需要练习什么或做什么。你可以用数字化和实物化的方法做到这一点。你可能熟悉实物化的方法，可能不熟悉数字化方法。数字化方法可能包括你的浏览器、桌面、壁纸、日历和计划表等，它们每时每刻都在提醒你——一个正在学习的技能。

- 坚持一个简单的原则：让你更容易接触到那些对你有益的东西，不容易接触到那些让你容易分心的东西。通过这种方式，你就可以通过设计环境来迫使你更多地参与练习和技能习得。

- 你通过五种感官中的任何一种来体验你的环境。视觉我们已经介绍过了，听觉是另一个主要的感官，可以提高技能学习的效率。音乐和声音很重要，但每个人对此的喜好不尽相同。

第六章 ≫≫

刻意练习与转折

至此我们已经做好更主动地提高自己的技能的准备了！当然，你必须清楚自己是否已经取得了足够的进步，或者是否还需要在某些方面有所发展。

这时，你需要建立一个刻意练习和接收即时反馈的机制——也需要考虑如何真正有意识地利用反馈，以达到你想要的程度。这一章中，我们将研究如何建立一个持续性的练习程序，如何征求有意义的反馈，如何分析你的表现以及如何诊断你的解决方案。

一、刻意练习

刻意练习是迈向真正精通所学技能的第一步。

1. 刻意练习的内涵

刻意练习是有目的有系统的。常规练习可能只需要无意识的重复和死记硬背，但刻意练习则需要集中注意力，以提高成绩为具体目标，而不仅仅是走过场。人类大脑本身倾向于将重点行为转化为自发行为。

例如，当你第一次学会系鞋带时，你必须非常仔细地思考系鞋带的每一步。我们越是反复重复一项任务，这项任务就变得越自然，直到我们能够自如地完成一系列的操作。

为了使刻意练习发挥作用，你首先要把技能分解成更小的组成部分，这是我们已经熟悉的做法。接下来的部分与你做过的任何其他练习都不同：将这些动作重复几次，看看你一直错在哪里，然后在错的地方反复练习。

2. 如何刻意练习

将刻意练习运用到学习中并不难——只是需要高度细致。计算机科学教授卡尔·纽波特描述了他是如何掌握离散数学的。简单地说，数学研究的这一分支包括为理论寻找证据。纽波特解释了他如何购买大量白纸，然后抄写教授在每堂课开始时提出的"命题"。

离开教室后，纽波特独自研究这些证明。当他遇到不理解的概念时，就开始查阅教科书和网上资料，用他自己的话说，"看看我能否理解我写下的东西。"通常情况下，这个过程能保证了纽波特对问题的理解。如果不能，纽波特就向他的教授咨询，并寻求反馈。

课程快结束时，纽波特积累了大量手写的证明。他"积极地复习"，把自己的证明分成两类，一类是很容易就能回忆起来的证明，另一类是需要深入研究的证明。他继续研究那些有问题的证明——重复地、彻底地——直到他最终从中提取出最后一点理解。期末考试后，纽波特被告知他获得了全班最高分——不仅是期末考试成绩，而是整个课程的表现。

行动中的刻意练习需要：设置你想要的目标，识别问题，反复检查，测试自己，在你的问题点上得到反馈，集中精力，直到你对自己的理解感到满意。当你把提升成效作为总体目标时，你就会清楚如何通过实践来积累专业知识。你的强大与否取决于你最薄弱的环节，所以你必须首先解决它们。

让我们举一个简单的例子：演奏一首新的钢琴曲。曲子中间有几个部分，你的手似乎没有同步。正常的练习可能是要求你继续快速弹奏整首曲子，尽管你在中间有一些问题，不过其他的部分已经很熟练了。然而，这并非有效的利用时间的方式。刻意练习则要求你放弃其他一切，钻研中间部分的薄弱点，直到达到一定的水平。刻意练习需要逐一攻克一个技能的各个组成部分，并确保每个阶段都达到标准——只有这样，整体表现才能达到要求。

几乎任何技能都可以通过这种强化技术来掌握——通过刻意的练习，你可以学会任何东西。

3. 有效练习应注意的要点

刻意练习存在一些风险，它的敌人是无意识的活动，反复练习同一件事的危险在于，我们会误以为自己正在取得进展，原因仅仅是我们获得了经验和更多的接触。但事实上，我们所做的只是在强化我们目前的坏习惯——我们并没有改善或改变它们。不要把改善和重复混为一谈，因为它们根本不是同一个概念。改善是伴随着重复而来的，但重复本身对于你快速掌握技能是毫无价值的。有效练习的其他要点包括以下几点。

- 慢慢学。慢慢地开始，慢慢地学习，不要让你的急躁情绪影响到你。学得慢，你会开始以一种彻底而完整的方式建立肌肉记忆，而不是匆忙间错过可能是技能中至关重要的部分。如果你不慢点学，你会发现你后来常常慢不下来了——因为你没有充分地学习其中的中间步骤。以后再提高你的节奏——有什么好着急的呢？

- 练习时长。不管你信不信，你应该有一个最佳的练

习时间。但是再重申一次，不管研究怎么说（通常最多 90
分钟左右），最佳练习时长都将因人而异。确保你的练习时
间不至于长到让你筋疲力尽，让你感到无聊或失去兴趣，但
你的练习时间也要足够长。过长时间练习导致的负面情绪需
要避免，所以你需要找到一个中间地带，让你有足够的挑战
和活力，否则你的练习就会变成重复，正如我们所讨论的，
重复本身并不是改善的原因。事实上，你应该确保在你的练
习变得马虎之前停下来，原因请看下一条内容。

● 肌肉记忆只看到它所看到的。换句话说，肌肉记忆
并不区分什么是好练习，什么是坏练习。因此，它不会区分
好习惯和坏习惯——它们只是记住它们所接触的东西。这就
是为什么错误会如此难以破解；犯错误和好习惯一样，都是
你记忆中的一部分。完美的练习造就完美的技能，所以这正
契合了前面的两点：慢慢学，好好练习，在变得马虎之前停
下来。

● 耐心。好像你需要再次被提醒要有耐心。但掌握技
能不仅仅是简单地挥动球拍或理解为什么你的手指应该以某
种方式移动。掌握技能是建立肌肉记忆的过程。一些研究表
明，较简单的技能可能需要重复 1000 次，较复杂的技能需
要重复 30000 次才能巩固并发展为第二个特质。假设你每天

弹一个小时高难度的钢琴曲，在这一小时内，你可以把这首曲子弹上 20 次。即使你的目标是重复 1000 次，无论如何这都不是短时间内可以完成的。所以要尽可能耐心，管理好自己的预期。

二、获得反馈

练习的第二步是确保你确实得到了反馈。这需要我们完成最困难的任务之一——关注自己。

1. 要正视反馈

自我意识是一个棘手的话题。我们认为许多成功人士是属于拒绝或忽视内省的人，他们认为内省是成功的障碍，或者认为自我剖析会招致软弱。史蒂夫·乔布斯就是一个常见的例子——一个在某些方面远远领先于他的时代的天才，他认为自我怀疑可能会损害他的表现。

但并不是所有人都是史蒂夫·乔布斯——如果我们要达到最有效的状态，我们需要监控和追踪我们自己的行为，如果我们正在为一个目标而努力，这一点尤为重要。如果你不进行追踪，你甚至可能无法知道你是否已经达到了自己的目标。

追踪我们的行为与追踪我们的想法是不一样的。在技能学习中，我们的想法和动机并不重要；对于学习一项技能的本质要求来说，意图和想法并不重要。身体力行确实比嘴上说说更有说服力。

2. 自我监测

通过监测意见、观点和意图之外的行为，我们可以发现关于我们进展的反馈。科学证明了这样一个事实：通过一种被称为自我监控反应（威廉·J. 费利英和约翰·P. 小布朗，1980）的现象，对我们的行为进行监控实际上有助于我们创造真正的改变。这只是我们开始改变的时候，因为我们监测、衡量和报告我们取得的进展。

自我监测对想要增加的行为和想要减少的行为都有效；当我们知道我们一直在监测自己的行为时，我们会做得更多（或更少）。没有其他方法可以了解我们的行为模式，无论我们是重复这些行为还是试图改变某些行为，使之变得更好。如何记录你的行为由你自己决定，无论是用清单、评分、星星、笑脸——只要能最适合监测你的结果，无论是积极的还是消极的。

对自己不坦诚，自我监督就毫无意义。向自己提出有难度的问题并提供真诚的答案是绝对必要的。虽然很难阻止你的心理防御机制的介入，但试着抑制你的想法、观点和意图——把注意力完全集中在行动上，而不是其他方面。尽量保持黑白分明，是或不是。

假设你在学校选修了某个科目，或者要为你不喜欢或觉得太难的工作积累某个主题的知识。你可以先从制订一份工作空间的每日清单开始，核对你是否清理了空间中高干扰物品、关闭了智能手机、安排了写作或记笔记所需用品（如纸和笔）。

你可以记录你已经读了多少页书，记了多少笔记，以及花了多少时间在主动学习上。

这些可能看起来像是每天都要密切监控的平凡事情，但这就是重点：通过监控记录你所有的努力这一微小行为，你会为例行公事奠定心理基础，进而成为更广泛的行为方式的一部分。因此，什么元素都应该被包括在内。

3. 从周围外部环境获得反馈

当然，反馈很容易从你的环境和你周围的人那里获得——这是环境及周围人的因素重要性累积的另一个例子。

例如，如果你在工作中一直在进行一个合作项目，当项目达到一定阶段后，邀请值得信赖的同事进行一次坦诚的讨论。确保他们明白，你只是想知道他们如何看待你的行为，而不是你的陈述或你的资历。你的努力是否始终如一？你是如何承担起渠道或信息传递者的角色？你工作了多少时间？你是如何从停工期中恢复过来的？如果有批评，你能仅凭借你的行动为自己辩护吗？或是你必须提到类似"我本意如此，但是……"这样为自己辩解的话？记住，行动胜于雄辩。

我们最敏锐、最鲜明的洞察力通常来自于意识到并接受他人对我们所做事情的看法。他们可以指出我们完全没有意识到的特质或行为，并可以从一个新的有利角度来解决这些问题。对于你正在做的事情，你是需要多做些还是少做些呢？

三、将反馈转化为有用的东西

现在你已经得到了可靠的、有针对性的反馈，你必须把它们转化为可感知的东西，这样你就可以进一步改进和提高。

1. 充分坦诚

进行这种自我评估时，有一条原则必须在你的脑海中占据中心位置：对自己务必极其坦诚。其中包括明确你做了什么才得到目前的结果，而非指责外部因素或环境。如果没有这种对自己无情的剖析，你的努力就不会带来改善。当你想要根据对自己结果的评估征求反馈意见时，要尽快去做，这样你就不会陷入无效或坏习惯中。你的结果，无论好坏，都是你自己的责任。掌握所有权，因为除了你，没有其他人会负责或扭转局面。

如果你正在学习编码，而你刚刚写的程序不能运行了，你不能把它归咎于计算机的低效率，或者你的文本软件对用户多么不友好，或者你的狗发出了多大的噪音。即使这些力量中的任何一个的确在起作用，你也必须专注于自己在这种情况下该承担的责任，而且只关注这些。

2. 客观对待

当你评估自己的行为时，一定要处于主导地位。理解并接受评估自我行为是你自己的责任。这可能会很痛苦，因为我们一般都习惯于出错时寻找自己之外的其他责任人。我们倾向于指责他人或将矛头指向外部因素，但这样做可能会证明你的缺点：拒绝承担责任，你没有学会改变或改进你处理事情的方式。因此，养成审视自己借口和辩解理由的习惯——让它们成为你自我探索的重点，因为这些在你的控制之下，其他并不由你所控。

对大多数人来说，诚实地面对自己的行为是非常困难的，因为他们总是执着于某些难以面对或承认的感觉。在保持诚实的同时缓解这种主观性的一个好方法是，只看你在特定情况下的行为——不是你的意图或情绪，而是客观地看你做了什么。例如，如果你只是因为时间紧迫而急于完成一个工作项目，不要花时间考虑你的恐慌，你所承受的压力，或者你这样做是为了获得晋升的事实。相反，要关注你的书面呈现、预测推算、报告结构、沟通联系，以及项目的最终交付。

3. 做出转折

转折也需要一种灵活性，不要拘泥于某种方式方法。转折大部分依赖于自尊心，但有时习惯、固执和恐惧在不愿意改变中也起了作用。走弯路并没有错，只要你肯回头找到正确的路。还要明白，自己有想法是一种重要的品质，但自己的想法也需要经过实践的验证。转折点是最好的学习机会之一，因为它能教给你的东西，会比你成功的时候还要多。成功的经历会让你总结一套行得通的方法，而经历失败和转折，会让你发现你的方案有很多缺陷，那么你以后的计划就会变得更加的精细和完善。

为了找到自我评估的根源，你需要问自己一些具体的问题来找出你在哪里出了状况。你需要尽可能精准确定具体的事件和行动。即使你的导师或教练会发现并处理这些问题，但你也仍然需要进行自我评估。首先，你的教练不会一直都在你身边。而且，自我检查和评估越多，越能让你成为一个专家。

四、十个自我评估问题

为此，有 10 个问题为如何在学习新技能的实践中评估自己提供了一个渐进而有效的路径。为了说明如何回答这些问题，我将进入一个令人不安的个人话题，谈谈很久以前发生的一件事——我初学驾驶时差点造成三车连撞的事故。

我和我的教练开车行驶在郊区一条繁忙的街道上。当时我以每小时 25 英里的速度行驶，教练告诉我打信号灯，然后并入左边的车道。我们已经做了一些练习，但这是我们第一次在公共街道上尝试，这提高了难度。

我打了信号灯，回头看了看左边的车道是空的，然后我开始小心翼翼地把车开进了车道。这时我听到一声响亮的喇叭声。我即将撞上车道上的另一辆车——它刚好在我的视线之外，处在了我的盲点。

由于我还是新手，本身就已经很紧张了，我对喇叭声反应过度，猛烈地向右急转弯，又差点撞上另一辆车，那辆车的速度对我来说有点快。我也听到了那辆车的喇叭声。这时我们离下一个十字路口只有几英尺远，那里的灯刚刚变成红灯。

发生所有这些事情的时候，我甚至忘记了这辆车配备了刹车。就在红灯亮起的时候，我踩下了油门。一辆急于左转的汽车差点撞上我们。在这个关头，驾驶教练认为使用安装在乘客侧的特殊制动器是一个好主意，这样他暂时控制了汽车。

这一切发生在大约 10 秒钟的时间里。不可思议的是，没有任何碰撞，也没有任何损伤。我的教练让我左转进入一条住宅区的街道，把刚刚那辆差点变成"死亡机器"的车停在那里，然后谈谈我的感受。这就是前面所说的 10 个问题刻意发挥作用的时候了，尽管我认为我的教练实际上只问了我三个问题，并要求给他一些喘息的时间。

1. 导致错误的原因是什么？

引起这一切混乱的最初事件是当我试图并入左侧车道时，我没有看到一辆处在我盲点上的车。

2. 选择策略或方法上是否有错误？

在这个例子中，我们可以将三个动作集合在一起，并称之为"策略"。第一个是启动转向灯，我照做了。第二个动作是回头看车道，我也这样做了。第三个动作是看驾驶座的后视镜。后视镜设置了一个角度，所以我可以看到那些在我视线盲区的车。这就是我没有做的事——这是个大错误。

3. 你是否在执行上犯了错误？

在没有看后视镜之后，接下来的整个过程几乎都是执行中的一个大错误。我出人意料地向右急转弯，差点撞上另一辆车，该踩刹车的时候踩了油门，闯了我驾驶生涯的第一个红灯。我还差点让一个非常健康的驾驶教练心脏骤停，这可不是他想要的结果。所以简而言之，是的，我在执行上犯了错误。

4. 你应该做些什么不同的事情？

这是我的教练问我的一个问题。很明显，我应该检查后视镜的，而且我的反应也不应该那么极端，当我向右急转弯时，差点与另一辆车发生事故。还有，我应该像踩油门那样主动地踩刹车。

5. 你有没有错过任何警告信号？

盲点中的汽车是一个意外，所以你不能说在这个特定的事件中，出现了特定的警告信号。但我确实错过了看后视镜，那本来会给我提供一个警告信号。本着无情的诚实精神，如果问我在事件发生前是否有任何疑虑或担心的地方？我想你可以说缺乏自信可能是一个原因。但主要原因是，我没有提前检查后视镜。

6. 你是否做了哪些后来证明是错误的假设？

当然——我以为左车道对我来说是安全的，可以并入。

7. 犯了这个错误是否暴露了你的任何盲点或需要多加练习的技能？

绝对的。我正在努力提高驾驶时的意识，掌握刹车和油门之间的步法，应对突发情况下控制汽车的方向，以及调整自己惊慌之下的深呼吸。

8. 这个错误是否揭示了阻碍你发展的性格特征——比如傲慢或固执？

这里当然没有傲慢。但我可能太自以为是了，而且我肯定我的过度恐慌给我们带来很多麻烦。

9. 你将如何以不同的方式行事，以避免这种情况再次发生？

我在准备向左并线时，确保严格遵守三步走的过程：打信号、回头看、检查后视镜。我也会努力控制我的方向盘，特别是危急时刻。此外，我想我会调整我的座位，使得我的脚更容易够到刹车踏板。

10. 如果你看到别人犯了类似的错误，你会如何建议他们？

我的教练是这样说的："显然，你需要真正意识到你周围的环境——但你也必须监测和控制你的情绪。更多的事故来自恐惧和惊吓，而不是任何其他情绪因素。当然，随着更多的练习，这将变得更容易管理。不过，现在我需要找一片草地，因为我要晕倒了。"

好吧，最后那句话教练其实没说，但我肯定他有这种感觉。

这 10 个问题，以最诚实的态度来回答，会给你一个正确的心态帮你从行为中学习——即使你对其中几个问题诚实地回答"否"。（事实上，我本可以对问题 5 和问题 8 做出否定回答——但重要的是我需要以一种直截了当的方式表明我是如何考虑这个问题的。）

是的，在你尝试之前，自我反省可能会感觉有点可怕，有点受挫。但是恐惧只会持续到你必须面对这个问题的时候。回答这个问题应该会给你提供足够积极的方向和解决方案，使最初的恐惧几乎立即失去意义。

💡 **本章要点：**

- 既然你已经理解了快速获得技能的基础，那么是时候付之行动了——练习。但不是普通意义上的练习，而是刻意的练习。这涉及将技能逐步拆解直到找到问题所在，通过训练掌握技能并解决问题，以提高整体表现。还有创造肌肉记忆的要素，因为这是你创造习惯的方式，让习得的技能成为你的第二本能。

- 然而，在你练习的时候，并非一切都注定顺利，这意味着你需要不时地获得反馈并调整你的方法。你可以通过自我监控或询问人们对你行为的客观观察来获得反馈——而不是你自己的想法或意图。重要的是，利用这些信息来主动掌控你的行动，试图将主观上的你排除在外，并向更好的整体实践和表现转变。

- 为了提高自我意识，在面对任何挫折或只是在获取技能的正常过程中，可以向自己提出一系列自我评估的问题。仅仅把问题列出来是不够的，而是要根据问题好好地反思。

第七章 ▶▶▶

技　能　叠　加

　　正如本书所阐明的，学习一项技能比以往任何时候都要容易。正因为如此，即使你掌握了某项技能且运用得非常出色，也很有可能别人也已经成为这方面的专家了。这是一把双刃剑。如果有人将你在某个领域的技能与拥有相同技能的其他人进行评估，他们可能不明白为什么要选择你而不是其他人（反之亦然）。

　　仅仅基于一项技能来确定你的价值或优点不是明智之举。根据定义，在任何事情上最突出的人只有 1%（是的，我仔细检查了数据。）美国国家篮球协会排名前 1% 的球员是联盟中极少数人，也是世界人口中极小的一部分。要进入这1% 几乎是不可能的。

　　然而，99% 的 NBA 球员都不是勒布朗·詹姆斯或斯蒂芬·库里，他们的表现也不差。他们是怎么做到的呢？在知道自己可能永远不会成为某项技能的前 1% 的情况下，你如何将自己与技能大致相当的人区分开来，并让自己脱颖而出？一个非常可能的解决方案是"技能叠加"，信不信由你，这个概念至少一部分源于报纸里的漫画。

一、技能叠加概念

技能叠加这个概念是由斯科特·亚当斯提出的，他是以工作场所为主题的漫画《呆伯特》的创作者，这部漫画是出版史上最成功最受欢迎的连环漫画之一。技能叠加背后的理念是，虽然对一种技能的极度精通令人钦佩，但在多种技能上拥有高超能力则更强大——并且将多种高超技能结合在一起，使你真正成为与众不同、独一无二的人。与其只在一项技能中名列前 5%（对我们大多数人来说是一个现实的排名），为什么不在三项技能名列前 10%~15% 呢？或者甚至是四项？

亚当斯把自己作为工作中技能叠加的主要例子。他不是最有才华的喜剧艺术家；他的大部分作品展示的都是坐在一张桌子前的重复角色，让我们把他放在前 10% 的位置。他不是高水平的工商管理专家，他甚至没有上过大学写作课。然而，他确实去了加州大学伯克利分校的商学院读书，所以让我们把他放在前5%的位置。他也不是脱口秀演员，所以他不是一个可以随意搞笑的人。然而，他的连环画足够好，被卖给了多个媒体，并持续了很多年，所以让我们在这一点上再给他一个前5%的位置。

而《呆伯特》——一部以办公室为背景，讲述商业世界有趣"真相"的连环漫画——出现在65个不同国家的报纸上。据报道，亚当斯的净资产为7500万美元，其中绝大部分来自《呆伯特》的收入，包括媒体的稿酬和周边商品的收入。有一段时间，几乎每个美国的办公室都有一个呆伯特摆在某张桌子上，以证明他们理解职场讽刺。那么，发生了什么？

"我普通的商业技能，"亚当斯说，"加上我强烈的职业道德，我的风险承受能力，以及我相当好的幽默感，我就是相当独特的。而在这种情况下，这种独特性具有商业价值。"

这就是技能叠加的精髓。技能叠加的目标是获得一些处于最上游的技能，最好是那些可以一起使用的技能，然后将它们结合在一起。利用你所拥有的从好直至更好的技能和特质，并以某种方式将它们结合起来，让自己比其他人更有优势。亚当斯融合了他（说实话，可能比一般人更好）的商业理解、幽默感和洞察力，创造了一个具有商业价值的、独一无二的漫画角色（不过呆伯特看起来似乎连眼睛都没有）。成功通常被认为是精通某项技能的结果，在某些情况下的确如此。大多数医科学生必须选择一个专业领域——你几乎很少发现牙医同时也是足科医生。体育运动也是如此，你试图成为某个特定领域的顶尖运动员，比如篮球、足球、高尔夫或田径，而将其他所有运动排除在外。除了极少数像迪昂·桑德斯和博·杰克逊这样极其罕见的情况，你很难发现有人在两种不同的运动中都是超级巨星。（即使是迈克尔·乔丹也不能完全驾驭职业棒球。）

但是对于其他几乎所有学科来说，某些技能上熟练程度很高是更令人向往的。技能叠加鼓励你安排使用你的多种技能——用尽可能独特的方式，来彰显你的与众不同。通过结合你一般的个人技能以及学习你还不具备的"空白"技能，你会成为别人无法复制的、独一无二的人。这让你在就业市场上非常有价值，在社会和个人层面上不可替代。

技能叠加是一种数字游戏，你可以在一定程度上加以操纵。例如，你可能在某项技能中排名前5%，这很好。你可能会得到一些荣誉，但除此之外，你不会得到太多的关注。在每个领域的顶端都是那前5%的人，所以你不会脱颖而出。你可以尝试把自己推到前1%的位置，但如果真的有这样的机会，你可能就不会读这本书了，除非你是被我的文笔深深吸引。

这意味着你必须找到更多依靠发展单一技能而具有竞争力的方法。进入某项技能的前 1%几乎是遥不可及的（尽管总是值得尝试）。进入某项技能的前 5%是很好的，但一旦你进入某项技能人群的更高层次，就不会觉得自己有多么了不起，因为你身边会有很多类似的人。

因此，我们再次得出结论，更与众不同的是在三到四种不同技能中排名前 10%~15%的人。拥有非凡的专业天赋是一回事——但是如果在其他人都不具备的广泛技能方面表现出色呢？现在你引起了他们的注意。

令人惊喜的是，在几个不同的领域进入前 10%~15%并不像在一个领域进入前 1%那么难。前 1%的人可能需要数年的练习——那是在卡内基音乐厅独奏的技能水平。然而，要进入前 10%~15%，只需要达到我在本书中提到的目标即可：学习、实践、执行和重复。或许读上几本关于这个主题的书，你就能立刻比 95%的普通人了解得更多。如果你在一个主题上读了五本书，在读到第四本书的时候，你是否还能学到其他什么东西其实都非常不可信。

让我举一个我最喜欢的例子：写作。有才华的作家很多，让我们考虑一下那 5%的人，如果你有机会阅读他们的作品，你会发现他们是完全令人震惊的作家，但是他们中很多人的作品并没有被出版。他们所能做的就是继续写作来减轻他们被拒绝的感觉。

但是，如果那5%的人中，有人也能编写一点 HTML 代码，并且知道如何使用社交媒体，那会怎么样呢？这个人不仅可以写出华丽的辞藻，而且他还可以建立一个以自己的作品为特色的博客，为自己打造一个独特的个人品牌。

此外，凭借他所掌握的丰富知识——如何在社交媒体做宣传，实际上他可以在全球市场上对自己的作品进行推广。然后，哇哦，他真的有了很多的读者。再加上一定的商业头脑，他能够复制这一过程来吸引更多的读者，创作更多的作品，并最终大幅提高图书收入。

这位作家可能只是所有作家中排名前5%的人，但因为他在宣传自己的作品的同时运用到了媒体宣传的专业技能，他成功发表了作品，从他的粉丝中获得了读者——理论上，还赢得了收入。说实话，可能有这样的作家，他们只是所有作家中的前25%，而他们的多样化技能为自己带来了更多的收入。

二、如何叠加技能

关于技能叠加最好的情形是，你可能已经有了一个技能，只是还没有意识到，更不用说能够判断或讨论它了。从本质上讲，技能叠加是一个简单的技能集合，它包含了你本身拥有的只需要加以整合的技能，而这些技能并不需要达到世界冠军的级别，只是你非常擅长的可以在某种情况下发挥强大的作用的一系列能力。

定义技能叠加的第一步是确保你的能力是对等且互补的。例如，你可以很容易看出写作、公开演讲和表演三者之间如何有效配合，同时你可以作为一名称职的厨师，一个聪明的商人，加之有能力沟通，你已经满足了开一家成功的餐厅所需要的一切。

相反，作为一名优秀的公共演讲者、一名体面的演员和一个优秀的厨师，可能只会让你成为一个高于平均水平的服务员。而能打字、跳踢踏舞和剥花生壳等技能——也许除了马戏团的管理，有些门是不会为你打开的。

叠加的技能在某种程度上应该补充其他技能。补充的其他技能不能太随意，应该是相关或兼容领域的三四种技能。如果你能掌握这些相互关联的技能组合，你的价值会比仅仅停留在你"天生"擅长的事情上要高得多。这似乎听上去有点违反常理，但就这里论述的而言，只坚持自己的强项在很大程度上只会让你大受影响。

要了解你自己技能叠加的核心，可以通过问些问题，并做一些相对简单的自我评估。

1. 你现在从事哪个行业或想从事哪个行业？

这很容易。你目前的工作状况和/或你梦想的工作状况是怎样的？

2. 在该行业，人们在哪些技能领域相互竞争？

在你感兴趣的领域，每个人都必须做些什么？他们进入这个行业需要具备什么样的能力？实则这些能力是企业或工作所依赖的技能，也是高层在日常工作中经常评判员工的技能。

如果你的这些技能能排名前5%，这是值得称赞的。但是仍然有像你一样的人以及一些理论上比你更优秀的人，所以处于前5%是不够的。因此……

3. 假设每个人都拥有这些技能，你能获得哪些新技能让他们大吃一惊？

这是你的"撒手锏"，是你拥有的能将你与其他人区分开来的一项（或者两三项）额外才能。很有可能，这种能力是你在另一个环境中培养起来的，而不是专门为了这项工作或任务培养的。而这正是能使天平向你倾斜的差异因素。如果你不确定该采取什么措施，可以看看该领域或相关领域的顶尖高手，从中获得线索。

假设你想成为一名股票经纪人。（我们第一个问题有答案了。）

股票经纪人在哪些方面有别于其他人？股票经纪人绝对要善于沟通和计算。这是一个应该涵盖 100% 的股票经纪人的既定条件，但确切地说，只有 75% 的股票经纪人是这样。显然，这远远不足以让你在招聘环节脱颖而出。

那么，你能学到哪些新技能，让你与众不同呢？由于全球经济联系紧密，股票经纪人可以通过学习另一个经济超级大国（如中国或德国）的语言来调整他们的投资组合（一语双关）。一些研究称，世界上 50% 的人口会说两种语言。这个数据听起来有点高，但让我们假设这是真的。你会说一种不同的语言，就会使自己与至少一半的股票经纪人区别开来。而你每学一门新的语言，都会进一步让自己更加脱颖而出。比方说，可能有一种语言能让你进入所有股票经纪人的前 20%。

此外，由于生物技术是股票市场上最受关注的类别之一，对医学、人体和康复实践有更深入了解的股票经纪人可能是对新兴的和有前景的技术有更敏锐的分析。如果你对医学了解很多，或者有急救管理或轻度医疗援助的背景，你可能比其他双语股票经纪人更有优势。

你不是所有这些行业的大师——但是通过努力工作和实践，进入前10%~15%很容易。这足以让你变得更加灵活更有市场。在这个时代，多才多艺比有限的执行力更重要。作为一名股票经纪人，你只要每周听一些德语或中文的录音带，每周读几篇关于生物技术公司突发新闻的文章，就能成倍地增加你的赚钱能力。这是不错的投资回报——而这正是问题所在：构建和增加你的叠加技能可能看似简单容易。

让我们换个更有趣、压力更小的工作，比如绘画。几乎100%的画家（杰森·布拉克风格，泼洒颜料类型的除外）都必须知道如何勾画一个给定的主题。他们都应该知道如何使用各种媒介和颜料类型，即使他们最终只专攻其中的一两种。为了便于说明，假设他们中只有90%的人可以用多种媒介工作。

有些人只画肖像画或静物画，他们作画时，模特就在他们的面前，很方便。但是拥有发达的（或至少是高度可靠的）摄影记忆的人，几乎可以在任何地方画出他们想要的东西，而且在这个过程中他们可能会更多产。这是一项可以通过时间和实践来磨炼的技能。最后，具有神话、神学或哲学背景的人可能会掌握某些符号，他们可以将这些符号融入他们的作品，给作品增添意义或张力。

画家中很容易找到一个熟练的绘图员。但是会用多种媒介工作，并具有较强的记忆力，而且还具备极其全面的艺术理论、神话或哲学背景。同时还能很容易地把它们都用于艺术创作的熟练的绘图员可谓是凤毛麟角。

没有人比你更了解你的能力——但围绕不同的技能创造协同效应，可能是你没有想过的事情。技能叠加可以利用你已有的优势，并以一种有利于大众的方式呈现出来。这也是一种伟大的建设性的方式，可以找出你需要学习的技能，使你脱颖而出。

💡 **本章要点：**

- 技能叠加是你已经拥有的东西。这是一个概念，即你不能依靠一种技能或熟练度在你试图完成的任何事情中脱颖而出。我们中只有1%的人能成为某项技能顶尖的人，而那很可能不是你。因此，我们应该创建技能叠加，由三个或四个相互关联的技能组成，在这些技能中处于前10%~15%。这是可能实现的，而且会让你与众不同。

- 一个重要的关键是要让这些技能相互关联。这意味着你不应该只关注自己的优势，奇怪的是，这可能会阻碍你的发展。看看你所在领域的顶尖高手，看看他们拥有哪些不同的技能组合。当你知道你想提高你的熟练程度时，这就像读几本书或几篇文章，参加一些讲座，获得一些基本的知识一样容易。仅这一点就能让你比 90% 的普通人更有见识和准备——这让你成了专家！

第八章 》》》

快速掌握技能的策略

已经建立了掌握技能的策略，已经有了一个支持网络，已经改变了周围的环境以使自己更有效，已经开始刻意练习并建立了一个严格的反馈和改进过程，这些基本程序都设置好了，如何让学习这项技能成为你每天、每时每刻练习的一部分呢？

本章探讨了一些策略，在工作区域内外你都可以练习这些策略来提高你的技能学习。它们将有助于你强化某些常见应用方面的知识和能力，这样你就可以在日常工作的每一个环节中提高你的技能实用性。

一、交错学习

本章的第一种方法与许多人认为的学习技能的既定逻辑方式不同，后者认为将时间用于持续不间断地学习一个科目，就像在吃甜点之前先吃完所有的蔬菜。

不间断的分块学习是指一次性地学习或练习一项技能，然后再进展到另一项技能。在完成例行程序之前，你不会继续学习另一项技能——在学习技能 B 之前完成技能 A，在学习技能 C 之前完成技能 B。将学习时间单位表示为一个字母，这个练习将建立一个类似 AAABBBCCC 的模式。

1. 交错学习的含义

交错学习打乱了这个顺序。在整个学习过程中，交错学习混合了几种相关技能的练习，所以这种模式看起来像 AB-CABCABC。

例如，一个初学代数的学生可能被要求理解指数、图形和根式。他们可以从指数开始学习，停下来练习绘图，然后研究平方根，再回到指数的学习上，而不是一次只研究一个主题。研究莎士比亚时，可以通过在他的喜剧、悲剧和历史剧之间切换来划分学习时段。再进一步说，你可以在同一个学习区间，研究莎士比亚、学习数学和非洲历史。

相比之下，交错学习起初看起来可能是一种有些随意的、随机的学习方式——但是哪种方法实际上效果更好呢？研究表明，交错学习实际上对运动学习（身体运动）和认知任务（数学）来说更有效。

与分块学习相比，交错学习的优势是令人惊讶的：测试表明，交错学习使学习和记忆方面提高了43%。

交错学习将学生从秩序和顺序的舒适区中推了出来。这种干扰比维持学习课程的现状更能在学生的头脑中留下印象。这也是一种信息提取练习：学生定期重温最近所学知识的机会提高了。我们越是能找到信息，调用它，复习它，并把它与我们已经知道的其他主题联系起来，我们就越有可能理解和记住这些信息（布莱斯曼，2017）。

概念或问题的混合会建立并加强它们之间的联系。学生通常认为概念是独立的、自成一体的信息片段，与其他信息片段没有明显或清晰的联系。定期复习以前学过的材料有助于发现这些联系，并鼓励我们在不同的技能和想法之间找到意想不到的桥梁。就像提取练习一样，这会把我们的知识从概念库中征调出来，促进我们积极思考这些知识适合的位置。

2. 交错学习的好处

交错学习的好处有两个方面。一方面，它提高了大脑对概念的辨别能力。区块练习时，一旦你知道解决方案是什么，困难就会消失。而在交错学习中，每一次练习都与上一次不同，所以死记硬背或自动反应都不起作用。相反，你的大脑必须不断地专注于寻找不同的解决方案。这个过程可以提高你学习技能和概念关键特征的能力，从而帮助你做出正确的反应并执行。

另一方面，交错学习也加强了记忆联想。区块学习时，你只需要在短期记忆中一次记住一种策略。在交错学习中，策略总是不同的，因为每次尝试的解决方案都不同。你的大脑不停地唤起不同的反应，并将它们带入你的短期记忆。这是一种积极的、更具挑战性的方法——但它强化了你在不同任务和反应之间的神经连接，从而提高和改善了学习。

3. 交错学习的要点

要记住的最重要的一点是，交错并不等同于多任务，你应该避免多任务。不要把你所学的学科设置得太松散——在化学、英语文学和陶瓷之间交错学习，可能是事倍功半，更不用说混乱了。

相反，在一次学习过程中，可以在多个主题之间切换。试着设定一个限制，限制你在一个给定的学习区间中处理多个不同的角度的问题或主题——三个就足够了，对于紧张的课程而言四个可能比较好———旦你开始了，就让你的直觉引导你从一个主题到另一个主题。为每个主题设置一个计时器是可以的，但是对于一些人来说，人为的限制可能会给学习理解的效果带来不同影响。

即使你插入的主题没有太大的变化，你仍然有一些回旋的空间。例如，你可以同时阅读英国文学、欧洲建筑学和希腊哲学，这不会对整体学习造成太大冲击。能激发关联性的主题会特别有帮助——融合艺术理论、艺术技巧和 60 年代流行文化艺术史的研究，可以很好地在三个概念之间产生出知识共通的意义。

二、间隔重复

间隔重复——也被称为分布式练习——听起来一样。

1. 间隔重复的好处

为了更好地记忆和保留信息，将你复述和接触信息的时间尽可能长地间隔开来。换句话说，如果你每天学习一个小时，而不是周末学习 20 个小时，你会记得更清楚。这几乎适用于你所有的学习内容。其他研究表明，一天之内看 20 遍远不如在七天内看 10 遍有效。

如果你把你的大脑想象成一块肌肉，那么就更容易理解间隔重复的意义了。肌肉不可能一直被锻炼，然后在几乎没有恢复的情况下再投入新的工作。你的大脑需要时间来建立概念之间的联系，创造肌肉记忆，并大体了解需要记忆的信息。睡眠已被证明可以建立神经连接，而且不仅仅是精神上，你的大脑中也会产生突触连接，树突也会受到刺激。

如果一名运动员在一次训练中锻炼过度，就像你在学习中太过用功一样，那么将会发生以下两种情况：运动员要么过于疲惫，后半部分的锻炼就没有效果了；要么会受伤。对于学习任务来说，休息和恢复是必需的，而努力有时候并不是。

2. 间隔重复时间安排

下面我们来看看采用间隔重复方法的学习时间表是什么样的。

- 周一上午 10 点：开始学习西班牙历史的初级课程。你做了五页学习笔记。

- 周一晚上 8 点：复习西班牙历史的笔记，但不要只是被动地回顾。一定要努力从自己的记忆中回忆起这些信息。比起简单的重读和复习，回忆是加工信息的一种更好的方式。这次可能需要花费 20 分钟。

- 周二上午 10 点：尝试在不看笔记的情况下回忆这些内容。在第一次尝试主动回忆尽可能多的信息后，回头看看你的笔记，并检查遗漏了什么，然后标注你需要投入更多关注的信息。这次可能只需要 15 分钟。

- 周二晚上 8 点：复习笔记。这次需要 10 分钟。

- 周三下午 4 点：再次尝试独立回忆信息，只在完成后看一下笔记，看看你还遗漏了什么。这次只需要 10 分钟。注意不跳过任何步骤。

- 周四下午 6 点：复习笔记。这次需要 10 分钟。

- 周五上午 10 点：主动回忆笔记内容。这次需要 10 分钟。

看一下这个时间表，你会注意到在整个一周内你只增加了 75 分钟的学习时间，但却成功地将整个课程复习了六遍。不仅如此，因为你采用了主动回忆，而不是被动地复习笔记，你可能已经把大部分内容记在了脑子里。

你已经准备好迎接下周一的考试了。事实上，你在周五下午就已经准备好了。间隔重复练习让你的大脑有足够的时间来加工概念，并因为重复而使大脑神经元产生了连接和变化。

3. 间隔重复与深层记忆

想一想，当你反复接触一个概念时会发生什么。在最初的几次接触中，你可能看不到任何变化。但随着你对它越来越熟悉，不再敷衍应付时，你开始在更深的层次上检视它，思考与之相关的语境。你开始把它与其他概念或信息联系起来，一般来说，你对这个概念的理解不会只是停留在表面水平了。

当然，所有这些都是为了把信息从你的短期记忆推进到长期记忆中。这就是为什么填鸭式学习或临时抱佛脚都不是有效的学习方法。由于缺乏重复和更深层次的分析，填鸭式学习或临时抱佛脚很少会成为长期记忆。在这一点上，这些记忆方法就变成了死记硬背，而不是我们前面讨论的基于间隔重复的概念学习，因此这样的记忆注定会更快地消逝。

当你开始学习某样东西时，与其衡量你花在某件事情上的时间，不如试着测算你在最初学习后重温同一信息的次数。把增加复习频率而不是持续时间作为目标。两者都很重要，但关于间隔重复或分布式学习的文献清楚地表明，给大脑留出喘息的时间是必要的。

三、自我解释

1. 自我解释的含义

自我解释其实就是说出思考过程，它包括解释和记录人在工作中如何解决或理解问题，并为所做的选择提供依据。

与详细询问一样，自我解释采取的是一系列问题的形式。但这些问题是关于你打算如何解决某一问题，而不是来自你的学习材料或你记忆中的信息。例如，下面是如何进行自我解释的例子。

- 问题是什么？我需要为我主持的婚礼准备一个曲目清单。

- 我通常在婚礼播放什么音乐？大多数歌曲都是我一直播放的，但也有一些是新人挑选的。

- 所以我必须问他们。我跟他们谈过这件事了吗？没有直接说，我们只是讨论了他们喜欢什么样的音乐，但他们没有具体提到任何歌曲。我可能需要猜测一下他们喜欢的歌曲。

- 他们喜欢什么样的音乐？他们喜欢现代乡村音乐。

- 我过去在婚礼上播放过现代乡村音乐吗？是的，有几次。但是我不关注乡村音乐，所以我不确定该播放什么歌曲。

- 我如何才能找到要播放的现代乡村歌曲？我可以在网上查找最新的排行榜，看看过去几年流行什么乡村歌曲。

- 我从哪里获得最新的排行榜？公告牌音乐是个不错的排行榜。而维基百科上可以查到准确的历史排行榜。

我们就此打住，因为老实说，这已经超出了一个婚礼主持人应该做的工作了。但它展示了自我解释的框架：口头陈述问题，识别问题，提出可能的解决方案，分析这些解决方案的效果，并确定最终的方案、结果或行动计划。

2. 自我解释的意义

自我解释最明显的特点是它的简单性。我们大多数人在一天的大部分时间里都会有这样或那样的内心独白。在解决问题的背景下用言语表达这些内心对白，会激发人们更多地关注大脑思考解决问题的思路。

这种方法也能让你衡量自己对某一主题的真正理解程度。

如果进行得当，自我解释可以证明你是否真正理解了某个主题，在一些重要概念上是否蒙混过关。它的作用是监测你的推理过程，适用于几乎每一个可以想到的主题，让你看到自己知识中需要弥补的差距。

自我解释也鼓励简单化，以此来巩固你对某个主题的理解。如果你觉得你的解释冗长、凌乱或拖沓，你可能就没有达到自认为的很好地掌握这个主题的程度。

例如，如果你引用支持量子力学的物理学家之前试验的很多细节，试着将解释精简到最核心的部分。从这一点出发，你可以开始对量子理论更具体的方面做同样的解释。

自我解释的价值在科学或技术课题中特别有帮助，事实上，它对任何学科都有适应性，文学学生可以用它来缩小主题，历史学家可以用它来解释事件和历史模式，而市政学学生可以用它来理解生活状况或城市问题——自我解释在运用方面真的没有限制。

3. 自我解释的步骤

以著名物理学家理查德·费曼命名的费曼技术是自我解释的一个具体应用。它有四个步骤。

- 第一步：选择你的概念。

费曼技术的应用非常广泛，所以让我们选择一个我们可以在本节中使用的概念：重力。假设我们想了解重力的基本原理，或者向其他人解释它。

- 第二步：用简单的语言写下这个概念的解释。

这一步容易还是困难呢？这是真正重要的一个步骤，因为它将清晰地显示你对重力概念是否准确理解。尽可能简单而准确地解释它，而且要能让一个对这个概念一无所知的人都可以理解。

你能做到吗？还是你只会说："嗯，你知道……这就是重力！"这一步骤可以让你看到你的盲点，以及你的解释哪里出了问题。如果你做不到这一步，很显然你对这个概念的了解没有你想象的那么多，而且你也不擅长向别人解释。你也许能够解释物体受重力影响时会发生什么，以及在零重力的情况下会发生什么。但在这两者之间发生的一切，可能是你认为你知道却不断跳过去的学习内容。

- 第三步：找到自己的盲点。

如果在上一个步骤中你不能给出一个关于重力概念的简短描述，那么很明显你在知识上有很大的差距。研究万有引力，并找到一种简单的方式来描述它。你可能会想到类似"万有引力是由于重量和质量的原因，较大物体吸引较小物体的力"。无论是什么，只要你解释不清楚，那这就是你必须纠正的盲点。

真正的理解是能够分析信息并以简单的方式将其分解，展现知识点以及对知识点的理解。如果你不能用一句话来概括，或者至少不能用简明扼要的方式来概括，说明你仍然有需要学习的盲点。

- 第四步：使用类比。

最后，为概念创建一个类比。在概念之间做类比，需要理解每个概念的主要特征和特点。这一步是为了证明你是否在更深的层次上真正理解了它，并使它更容易解释。你可以把它看作是对你理解能力的真正考验，以及验证你是否仍然存在知识的盲点。

例如，重力就像你把脚放进水池里，水面上的落叶被吸引过来，因为它造成了几乎看不到的冲击。这种冲击就是重力。

这一步也将新的信息和旧的信息联系起来，让你从运转的心智模型中获得更深层次的理解和解释。费曼技术是一种快速发现你知道什么和你认为你知道什么的方法，它能让你巩固你的知识基础。

四、创造和开辟专门的练习时间

即使你认为已经完全掌握了新技能，真正精通仍需要你永不停止练习或学习。这意味着你要有意识地留出尽可能多的时间来练习和完善你的技能。下面将提供一些简便的方法，来将这些时间挤进你的生活中。

1. 安排时间

留出时间最简单的方法是——安排时间。

这个建议听起来显而易见，但却是一个我们经常忘记的策略。它能够巧妙地帮助你定期留出一些个人时间，特别是当和第五章讨论的提醒措施一起使用时，效果更好。

在接下来的几个月或更长的时间里，给自己安排一些固定的时间，完全用于技能练习：每周一晚上下班后，或者周三下午孩子们在学校时，或者周六早上吃完早餐后——任何时间都行。每周一次的节奏很好，而且通常更容易记住，但是如果你认为你能找到每天的时间，那也很好。

无论你把技能练习安排在什么时候，除非绝对必要，否则不要改变或取消。你自己的时间表用钢笔写，如果有别人共同参与的则用铅笔写。这可能是最棘手的部分。当然，如果有紧急情况出现——临时取消你的常规练习，这也没什么。但的确也存在下班后与朋友社交而不是赶回家练习的可能。

这些练习时间是你要用来满足自己的需求的，只有当你和你的朋友认为它不可改变时，它才会真正有所回报。其他人可以围绕这个时间表来安排他们与你共处的时间。这听起来很简单，但你这样做不仅仅是为了自己，也是在让别人知道你的优先事项，而他们也希望能把你的需求放在心上。

2. 认真一点——疯狂地规划时间

如果你想在做事上更上一层楼，那么需要提前填写好你的日程表。不仅仅是你的练习时间——而是你一天中要做的每一件事。许多非常忙碌的人在周日就会提前安排好下一周将近四分之三的时间——如果他们非常注重提前规划的话，甚至开始得更早。

设置时间表时，不要对自己过于苛刻。对自己在给定的时间范围内能做多少事情，尽量保持实事求是的态度。合理估计你做一件事需要多长时间，以及你需要多少时间休息和在不同任务之间转换。重点不是强迫你对自己的作息时间进行过度的约束；而是要围绕自己的需要和能力来安排学习时间。

至少试着安排好一天中你要做的每一件事——休息、午餐、晚餐、看电视，甚至睡觉：

- 下午 4:00——每日会议

- 下午 5:00——通勤回家/阅读在线新闻

- 下午 6:00——晚餐

- 晚上 7:00——睡前给孩子们读故事

- 晚上 7:15——放松/淋浴时间

- 晚上 7:45——陶艺练习

- 晚上 9:00——练习后清洗

- 晚上 9:15——查看个人邮件

- 晚上 9:30——看电视

- 晚上 10:30——睡觉

大声朗读这个时间表，会让你感觉它是一篇普通得不能再普通的流水账。但是，特别是在你学习一项技能的早期阶段，它会是非常强大非常有力的。这个练习的重点是持续性。它建立并强化了你一天的节奏，让你的技能练习成为你时间表中不可或缺的一部分，就像吃饭、睡觉和看《单身汉》一样重要。这也是培养自律和责任感的好方法。

3. 短时间的练习

最受欢迎的日程安排策略之一是番茄工作法。这项技术的发明者——企业家弗朗西斯科·西里洛曾将一个看起来像番茄的定时器用于实践之中。你可以使用任何类似的计时设备，包括几个直接仿照番茄工作法的在线应用程序。

番茄工作法的工作原理是这样的：设置 25 分钟的计时器、时钟或秒表。一旦开始，在这 25 分钟里，进行高强度的练习（或工作）。25 分钟后，站起来休息 5 分钟，伸伸懒腰，放松一下，浏览网页，或者散散步。然后回到你的工作地点，再次设置 25 分钟的计时器，并重复上述步骤。完成四个番茄周期后，休息 15~30 分钟，进行更充分的充电。然后重新开始。

番茄工作法是有效的，因为它能在相对较短的时间内集中你的全部注意力。即使一天只做几次，你也会惊讶地发现自己经历几个番茄周期后完成了很多事情。25 分钟的时间足够长，你可以完成很多任务，但它又足够短，可以让你在整个过程中保持注意力的聚焦。番茄工作法所要求的休息时间和高度集中的工作时间一样，是提高生产力的必要条件。

我也经常使用番茄工作法：我把它用于写作，特别是在需要做大量研究的主题上。事实上，我现在就在使用它，它非常有用。将技能学习纳入番茄工作法的框架中可以极大地提高你的能力，几乎是无意识的。尝试每天至少完成三个番茄周期。

五、通过不同的方式学习

在前面的章节中，我们简要地讨论了主动学习和被动学习的特点，我们认为在学习一项新技能时，尽可能地混合不同的学习风格是一个好主意。这是基于学习金字塔的概念，——一种众所周知的视觉辅助工具，根据学生使用每种学习方式中记忆的知识量的多少，来对所有学习方式进行排序。

学习金字塔表明，学生靠听讲所学到的知识，有 5%可以保留，依靠视听资源学习可以保留 20%，依靠实践可以保留 75%。金字塔分为被动学习和主动学习，最上面的四层是听讲、阅读、视听学习和演示示范被定义为"被动学习"，最下面的三层，即讨论、实践和教授别人，被描述为"主动学习"。

应该注意的是，没有真正具体的科学证据证明学习金字塔是准确的。这都是理论，一些教育专家对其适用性提出异议。事实上，有很多变量可以影响学习金字塔是否准确无误。

尽管如此，我还是喜欢这个理论。在对学习金字塔的解释中，没有任何看起来离谱的错误，而且我认为混合学习媒介是一个非常好的主意。下面是对学习金字塔每一层的细分。

1. 听讲（5%的保留率）

对记忆影响最小的学习类型是听讲台上的教授讲课。随着技术的发展，这种学习方式逐渐变得微不足道。我不完全相信这只是学生想要逃课的借口，但我理解他们的想法。

在技能学习的特定领域，经典讲座成为不可或缺的组成部分，这样的情况并不多见——也许是老师解释瑜伽的精神背景，或是汽车修理厂的师傅解释发动机的工作原理。一般来说，关于某项技能理论的论述仅限于教学的最开始阶段。尽管了解理论是有帮助的，也是很重要的，但这也只是为了了解背景、上下文和对意义的一般理解。

2. 阅读（10%的保留率）

毫无疑问，阅读关于某个主题的书籍，特别是关于你正在学习的技能的书籍，是一个重要的组成部分。你可以找到大量包含有价值信息的出版物：关于木工的操作指南、关于自卫的分步手册、关于房地产谈判的战略书籍，甚至是关于钓鱼和景观环境的期刊。手头有丰富的信息总比没有好。

但是世界上所有的阅读本身不会帮助你掌握一项技能。你必须把它付诸实践。尽管阅读被定义为"被动的"学习，但你需要通过将所阅读的材料与你自己的想法、观察和人生经历联系起来，尽可能地让它变得主动。所有的阅读都是如此。

3. 视听学习（20%的保留率）

这是通过观看或收听你感兴趣的主题节目（预先录制的）来学习——可能是为那些试图掌握辩论技巧的人准备的关于政治历史的磁带，或者是 YouTube 上的烹饪示范视频。

你可以通过手机和笔记本电脑，甚至是你的汽车，获取足够的视听材料。当然，像 Udemy 和 Coursera 这样的在线课程模块，为你感兴趣的主题或技能提供了详尽的视听材料。我甚至怀疑它们是否比主动阅读更令人难忘，但我同意，作为一种被动的学习方法，它是一种好方法。严格意义来说，技能就是会做某件事，所以能观察别人是很好的，因为这样更容易直接模仿他们。

4. 演示示范（30%的保留率）

这就是在你面前现场表演某项任务，就像在超市的烹饪示范或用烙铁将电线焊接在一起。演示示范是私教课程老师和成人课程的核心。它们显然比预先录制的视听材料更令人难忘，因为它们就发生在你面前，你可以向做示范的人提问。这是指导和辅导的一个重要组成部分，在这里你可以看到如何做某件事，然后强迫你自己也去练习。

5. 讨论（50%的保留率）

这是学习金字塔中主动学习的第一种方式，你和几个正在学习你所学技能的人交谈。这可能是一群园艺高手参与的圆桌会议，他们正试图从零开始建造一个菜园，或者是一群西班牙语学生聚在一起互相练习。

同样，在技能学习领域，我不确定为什么这被列为比示范更有效的活动。但是它确实有助于你对所学的技能有一个更广阔的视角，并能通过语言表达来帮助你在头脑中固化一些概念。

与不同水平的人，包括高于你的人和低于你的人，讨论你的技能，有利于更好地练习和理解如何获得提升。你们所有人都是有着相同心态的学习者，只是做事情的方式不同。例如，一个写作小组可以讨论其他作家如何从不同的角度处理同一主题，提出你可能没有想过的问题。总而言之，这将加速你的学习。

6. 实践（75%的保留率）

毫无疑问，把技能运用到日常实践中，亲自去做，是学习新技能最合理、最有益的延伸。进入汽车引擎盖下进行维护，编织毛衣，为观众演奏钢琴，建造树屋——用你的双手来实际完成一项任务，随着时间的推移，可以扎实掌握。这些例子强调了技能如何在现实世界中发挥作用，而不是以理论或抽象的方式。你可以更好地理解技能的真正内涵，并亲身学习如何以明确的方式处理压力和解决问题。世界上所有的阅读和讲座都不能满足简单的亲身体验。

7. 教授别人（90%的保留率）

学习金字塔始终认为，从某种意义上来说，记住所学知识的最好方法是成为一名教师。这可以是就你作为登山者的经验发表演讲，或者开一个关于你所使用的电影制作技巧的博客。通过描述你的经历，帮助你和其他人之间产生共鸣。当你清楚地阐述自己使用的方法和获得的经验时，你会很快发现自己知道什么以及不知道什么。你可以找出自己知识中的差距和盲点。当你意识到这些差距和盲点并解决它们时，你能够比开始时更有效地组织自己的想法。

毫无疑问，教授别人是我们与新信息的互动中最复杂、最具参与性和最主动的类型之一。就像自我解释和费曼技术一样，教别人不仅使信息在你的头脑中扎根，它迫使你看清自己真正能够解释什么，以及不能解释什么。

教自己是好事，教别人更是好事。教授他人暴露了你知识上的差距。你必须进行指导和解释，而不是藏在概念的背后："是的，我知道这是怎么回事。我现在就跳过它。"如果你向其他人解释一个过程，这是行不通的——你必须知道每个步骤如何运作，以及每个步骤与另一个步骤如何关联。你还将被迫回答关于你所教授内容的问题。

解释正在发生的事情，本质上是对知识的考验，你要么知道，要么不知道。如果你不能向别人解释如何复制你正在教授的东西，那么实际上你并不是真正了解它。

让我们以摄影为例。根据学习金字塔，阅读和听讲加起来知识保留率15%，这是有道理的：你从教科书或讲台上所能学到的摄影知识是有限的。视听教具和视觉演示——拍摄时某些角度看起来像什么，如何使用计算机修饰照片——对学习拍摄和处理某些照片更有帮助。关于摄影的小组讨论会上，会迸发出一些令人难忘的想法。当然，花时间练习拍照和冲洗照片会给你留下深刻的印象。

现在让我们来看看学习金字塔的底部（或顶部，这取决于你的观点）与教导他人相关的部分。你在强化他人的基础知识，并解释摄影的原理、类型和一般准则。从理论上讲，你是在监督学生学习金字塔的所有上层（或下层）部分，并用你对摄影过程所掌握的知识作为他们所有人的标杆，而这还不包括你自己备课的时间。

所有这些教学活动都是在积极调用你已经知道的东西——是否还记得我们说过，从你的大脑中提取东西比把东西放进去得到的更多。这正是学习金字塔 90% 的层级中所发生的事情。你正在积极地从以前学过的知识中提取信息，把它发送出去，并重新塑造它，让其他人理解和学习。反过来，这也巩固了你所知道的知识，也许在这个过程中也加深了你的经验。

通常，你甚至会惊讶于自己的表现——以简化和浓缩的方式大声解释和推理，找到额外的见解。教授他人需要你将知识点划分成小块的内容来进行讲解——你可能会发现这项任务与解释理论或概念大不相同。

将学习金字塔中的各种方法结合起来使用，让它们互相配合发挥作用，可以产生令人信服的学习体验，丰富你的理解、技能和天赋。让我们来假设一下你正在学习如何做寿司——如果你还没有弄明白，我很乐意用美食来举例。

很有可能，并没有很多讲座解释寿司制作的理论和历史，但是有大量的烹饪书籍，包括一些介绍寿司制作历史的书籍。YouTube 上有很多视频展示了寿司的制作过程，甚至还有一部纪录片《二郎神的寿司梦》，描述了日本最伟大的寿司厨师之一的日常生活。任何寿司课都必须包含近距离演示的元素，毫无疑问你也可以在课上动手做一些事情。你可以和班上的其他人讨论技术。当你获得足够的经验后，你可以开一个博客，写一本书，或者自己拍摄一个指导视频。

将这些不同的活动结合在一起，有组织、有意识地安排，几乎能够确保你实现有效学习并最终获得专业技能。

六、记忆重固

关于磨炼某种技能的传统理论认为，你必须以完全相同的方式反复练习相同的套路，建立"肌肉记忆"，并将该技能正确地植入你的日常行为中。但最近的研究表明，这种直接重复可能不是最好的方式——要想真正学会一项技能，应该在学习过程中循序渐进地进行细微的改变。

　　假设你正在学习刀工技巧，你可能会学习按照一定的方式和尺寸来切洋葱。你可以先把每一个洋葱丁切成半英寸长，然后稍微调整动作来切出四分之一英寸的丁，然后是八分之一英寸，如果有可能的话，甚至更小。或者你可以调整你的刀法，做出切片、切丝、半圆或其他类型的切割。

　　这个理论背后的想法是进行记忆重固，它被定义为回忆现有的记忆并通过新的认识或学习改变现有的行为。在一项研究中，参与者被指示使用一个加压装置来移动电脑屏幕上的光标。后来其中一些参与者被带到一边，要求使用同样的设备，但使用不同的挤压方法，而其余的人只是被告知继续以同样的方式进行练习。

　　结果显示，用两种不同方法练习的人远远胜过只学习一种原始方法的人。通过改变他们练习的一个组成部分——即使是最轻微、最微妙的方式——做出调整的参与者比那些没有改变的人发展了更好的运动技能和控制能力。在某些情况下，那些在实践中做出改变的人的技能发展速度比原来增加一倍。事实上，这些变化看起来似乎很微不足道，但这是他们学习的一个关键部分。

　　记忆重固的影响是巨大的，特别是对于物理治疗和精神分析。它们也为技能学习提供了一个相当有效的策略：练习某种活动，但在进行过程中做一些微小的改变。如果你在进行击球练习，可以每一轮都使用不同重量的球棒。如果你在学习如何制作珠宝，使用不同类型的金属进行练习——第一次是纯铜，下一次是黄铜，再下一次是银。如果你已经开始健身，在某个特定的循环中使用不同重量的哑铃或锻炼不同的肌肉群。

关于记忆重固是如何发挥作用的，有几种理论。它使大脑比只是重复一个没有任何改变的例行程序时更加专注，使得大脑更有可能记住学习内容。由于这些变化非常微妙，通过对基本套路进行非常细微的改变学习技能更加容易，因为这会让你的大脑觉察到人们为获取不同技能所需要的不同校准体系。

想想举重运动员，他们如何在锻炼中逐渐增加杠铃的重量。从 150 磅跳到 400 磅的话变化太大了——他们必须做出更大的调整，然而他们的肌肉可能还没有被训练好。但从 150 磅发展到 160 磅，或 175 磅，需要逐步增加努力，这就容易多了。

七、将技能与已知内容相连接

之前的段落里我们简要地讨论了"主动阅读"，即将正在阅读的材料与个人事件或自己预先存在的想法联系起来。这可以通过两种不同的方式实现：概念上的联系和身体上的联系。

概念上的联系是指理解某个活动如何产生与你之前所注意的事物相类似的因果关系。例如，如果你在厨房工作了多年之后，开始学习烧烤食物，你仍然知道在高温下烹饪，肉会烧焦并破坏其味道（而且一些研究表明，会增加致癌物的风险）。基于这些知识，你会尝试找到一种方法来调节煤或煤气的温度。

同样，如果你已经知道如何在一个软件程序中编辑音频，你可能也会认识到视频编辑程序中的一些功能："视频轨道看起来很像音频轨道，它们具有同样的可视化的时间提示，都是从左到右的运动，以及相同剪切和粘贴处理方式。不同的是，你不是切割音频波，而是切割视频，这会更容易操作。"找出相似之处有助于你知道如何开始执行操作，而找出不同之处则告诉你如何调整。

身体上的联系可能更容易理解。你正在学习的身体技能的一些组成部分与你已经知道的其他活动相类似。最容易掌握的一组技能（也是我个人有经验的一组）是打字和弹钢琴。以前我学会了如何在电动打字机上打字，而在学习钢琴的过程中，我注意到当我弹奏快板时，两者的动作是多么的相似，我只需要将手移动得更远并按下按键即可。毫无疑问，如果我没有在 IBM 电动打字机上不停地敲键盘，学钢琴可能会更加困难（可以问问你的父母）。

联系的最大好处是，当你在努力提高自己的技能时，你可以将它与你已经拥有的其他知识或经验进行比较，通过将它与已经熟悉的东西联系起来，来加强你对新技能的理解。即使两者之间的某些方面确有不同，但应用一个已有领域的心态和知识，总是有助于学习新的东西。

学习一项技能的新策略并不仅仅只包含捷径。通常情况下，它们是尝试不同方法后产生的开创性方法。当你可以将相同的心理或身体技术应用于多个新技能时，你会感到特别兴奋。它们除了让你有效突破新技能的学习，还能令你以意想不到的方式扩展自己的视野。

💡 本章要点：

- 当你想快速学会一项新技能时，有许多策略可供你使用。第一个是交错学习，即实际上你不用专注练习某一技能。相反，你把不同的技能交叉在一起，创造一个练习的时间，在这个时间段里你可以练习不同的也许不相关的技能。这已被证明能更好地巩固知识。

- 间隔重复，顾名思义，就是在一个较长的时间段内间隔性地进行练习，而不是持续进行练习。经常练习比密集练习要好得多，只要稍加计划就能实现。

- 自我解释很有帮助，因为它让你看到自己的盲点和需要改进的地方。你只需尝试向自己解释所学习的内容，然后看看你在什么地方遇到了问题。同样费曼技巧是通过你不断问自己"为什么"，来找出你不知道的东西——这样你就不会完全被蒙在鼓里。

- 为你的练习划出专门的时间，这意味着你自己的练习时间表用钢笔写，而有别人共同参与的用铅笔写，如果有的话。番茄工作法很有帮助，因为它创造了25 分钟的工作时间和 5 分钟的休息或分心的时间。

- 记忆重固是指练习同样的技能，但进行修改和改变。这是为了强化良好的习惯，扩大你的经验范围，而且它已经被证明可以加强技能的掌握。

- 最后，将正在学习的东西与已有的知识和概念联系起来，对于运动技能来说尤其如此，因为你可以把它与已经知道的东西联系起来，然后加以区分。把一些陌生的东西放到熟悉的环境中，有时就能让你恍然大悟。

全 书 总 览 ▶▶▶

第一章 为快速掌握技能做好心理准备

- 什么是学习？除了痛苦、不适和烦恼，学习代表着改变你的生活和环境的能力。问题是，从来没有人教我们如何学习，因为我们接受的大部分的学校教育都是被动式学习。

- 学习的一个重要步骤是弄清楚你想学什么。我们有很多欲望，但应该只把宝贵的时间用于重要的事情。什么是重要的事情？能让我们提升幸福感和赚钱能力，利用优势提升人生目标，充分抓住机会，或应对生活困境的事情。

- 熟悉学习的四个重要阶段。当你知道你所处的位置时，你可以更好地计划你需要采取的步骤。这四个阶段是无意识无能力、有意识无能力、有意识有能力和无意识有能力。

第二章 管理你的期望

- 合理设定你对学习新技能的期望，有助于让你保持在正确的学习轨道上且不会轻易放弃。期望太高，你可能会感到气馁；期望太低，你可能会感到无聊和不感兴趣。习惯的形成需要两个多月的时间，而新技能的掌握至少需要 25个小时。所以当你发现自己不是一下子就能熟练精通的时候，不要绝望。你只是正处于学习曲线中令人痛苦的那个阶段。

- 切莫高估天赋。如果你认为自己没有天赋，你仍然应该期待自己能够学习、发展和提高。这是你应该对自己抱有的乐观期望——这叫自信。

- 做好长期准备，你会计划得更好，不合理的期待也会更少。不要依赖或期望走捷径。学习一项新技能的过程中，任何想要走捷径的想法都是痴人说梦。保持实事求是的态度——没有人比你更了解自己。

- 在这个世界上，你想要的一切都代表着一种牺牲，尽管有些牺牲并不像其他的那样明显。学习一项新技能肯定会涉及许多牺牲，无论是大是小，就像麦子与糠秕的区别，大多数人要么没有意识到这一点，要么不愿意每天做出这些牺牲。

第三章 制 订 计 划

- 制订计划很重要。计划虽不是解决一切问题的灵丹妙药，但它肯定会影响到你掌握技能的效率。更好地制订计划的首要方法有违直觉——需要减少信息的消耗。大多数人停留在信息收集的阶段，这抑制了他们的行动。要知道，你永远不会什么都知道，你必须有意识地选择停止学习，以便采取行动，这时"生产者"心态会对你有所帮助。

- 计划将你的技能解构为更小的子技能，这有助于你更容易地学习，也让你更清楚目前哪些技能是真正重要的，哪些并不重要。你可以找到"80/20 法则"的突破点，比如学习语言时，大部分的日常对话只使用几百个词汇。

- 让你的环境帮助你学习，让练习和学习变得容易，让分心和拖延变得困难。简单地说，把应该做的事情放在手边，把不应该做的事情放在看不见的地方。不要依赖你的意志力。

- 混合不同学习风格和媒介进行学习。了解不同类型的学习风格并没有坏处，你可能会发现自己有了新的偏好。

第四章　打造你的圈子

- 你周围的人可以成就你，也可以毁掉你。他们可以是你的支持者，也可以是消极的反对者。然而，最危险的是那些看起来为你的最佳利益着想，但实际上却把自己的恐惧和不安投射到你身上的人。也许并不总是能够与这些人决裂，但至少要认识到他们批评的来源，并对其持谨慎态度。

- 希望你身边有你可以效仿的人——那些发挥榜样作用的人。你可能不知道他们的想法，所以要特别关注他们的行动和行为，因为这些最能体现他们的想法和意图。

- 下一步是找到一位导师——正式或非正式的。他们是你可以提出想法，征求反馈，并鼓励你朝着正确方向前进的人。理想情况下，你的导师是那些自己从零开始学习的人，因此他们最适合剖析你的行为，并根据自己的经历和奋斗史为你提供有用的反馈。

- 如果可能的话，找一个让自己沉浸其中的团体，最好的例子是巴西足球运动员和意大利文艺复兴时期的佛罗伦萨手工艺行会。这很难，但这个方法能令你被高水平的技能所包围，并让它成为你的新常态和常规水平。

第五章　营造学习环境

- 本章作为一个额外的提示，提醒你周围环境的力量。它可以拖你后腿，也可以推动你走向成功。只要看看前一章中佛罗伦萨和巴西的例子就能找到证据。当你设计你的环境时，不要寄希望于你的意志力，也要避免你有意识地采取的刻意的行为。

● 你的环境可以作为一个巨大的警示，提醒你需要练习什么或做什么。你可以用数字化和实物化的方法做到这一点。你可能熟悉实物化的方法，可能不熟悉数字化方法。数字化方法可能包括你的浏览器、桌面、壁纸、日历和计划表等，它们每时每刻都在提醒你——一个正在学习的技能。

● 坚持一个简单的原则：让你更容易接触到那些对你有益的东西，不容易接触到那些让你容易分心的东西。通过这种方式，你就可以通过设计环境来迫使你更多地参与练习和技能习得。

● 你通过五种感官中的任何一种来体验你的环境。视觉我们已经介绍过了，听觉是另一个主要的感官，可以提高技能学习的效率。音乐和声音很重要，但每个人对此的喜好不尽相同。

第六章　刻意练习与转折

● 既然你已经理解了快速获得技能的基础，那么是时候付之行动了——练习。但不是普通意义上的练习，而是刻意的练习。这涉及将技能逐步拆解直到找到问题所在，通过训练掌握技能并解决问题，以提高整体表现。还有创造肌肉记忆的要素，因为这是你创造习惯的方式，让习得的技能成为你的第二本能。

- 然而，在你练习的时候，并非一切都注定顺利，这意味着你需要不时地获得反馈并调整你的方法。你可以通过自我监控或询问人们对你行为的客观观察来获得反馈——而不是你自己的想法或意图。重要的是，利用这些信息来主动掌控你的行动，试图将主观上的你排除在外，并向更好的整体实践和表现转变。

- 为了提高自我意识，在面对任何挫折或只是在获取技能的正常过程中，可以向自己提出一系列自我评估的问题。仅仅把问题列出来是不够的，而是要根据问题好好地反思。

第七章　技能叠加

- 技能叠加是你已经拥有的东西。这是一个概念，即你不能依靠一种技能或熟练度在你试图完成的任何事情中脱颖而出。我们中只有1%的人能成为某项技能顶尖的人，而那很可能不是你。因此，我们应该创建技能叠加，由三个或四个相互关联的技能组成，在这些技能中处于前10%～15%。这是可能实现的，而且会让你与众不同。

● 一个重要的关键是要让这些技能相互关联。这意味着你不应该只关注自己的优势，奇怪的是，这可能会阻碍你的发展。看看你所在领域的顶尖高手，看看他们拥有哪些不同的技能组合。当你知道你想提高你的熟练程度时，这就像读几本书或几篇文章，参加一些讲座，获得一些基本的知识一样容易。仅这一点就能让你比90%的普通人更有见识和准备——这让你成了专家！

第八章　快速掌握技能的策略

● 当你想快速学会一项新技能时，有许多策略可供你使用。第一个是交错学习，即实际上你不用专注练习某一技能。相反，你把不同的技能交叉在一起，创造一个练习的时间，在这个时间段里你可以练习不同的也许不相关的技能。这已被证明能更好地巩固知识。

● 间隔重复，顾名思义，就是在一个较长的时间段内间隔性地进行练习，而不是持续进行练习。经常练习比密集练习要好得多，只要稍加计划就能实现。

● 自我解释很有帮助，因为它让你看到自己的盲点和需要改进的地方。你只需尝试向自己解释所学习的内容，然后看看你在什么地方遇到了问题。同样费曼技巧是通过你不断问自己"为什么",来找出你不知道的东西——这样你就不会完全被蒙在鼓里。

- 为你的练习划出专门的时间,这意味着你自己的练习时间表用钢笔写,而有别人共同参与的用铅笔写,如果有的话。番茄工作法很有帮助,因为它创造了 25 分钟的工作时间和 5 分钟的休息或分心的时间。

- 记忆重固是指练习同样的技能,但进行修改和改变。这是为了强化良好的习惯,扩大你的经验范围,而且它已经被证明可以加强技能的掌握。

- 最后,将正在学习的东西与已有的知识和概念联系起来,对于运动技能来说尤其如此,因为你可以把它与已经知道的东西联系起来,然后加以区分。把一些陌生的东西放到熟悉的环境中,有时就能让你恍然大悟。